IB교육 대안인가? 답이 아니라, 질문이 필요하다

송민영 박수진 박훈형 송화림 하태성 김가현 지음
기획 정동완

교육과학사

머리말

IB, 바깥이 아닌 우리 안의 거울

IB 교육은 종종 외국의 교육 시스템으로만 오해받곤 한다.

하지만 우리가 만난 IB는, 단순한 수입품도, 이상적인 교육 모델의 수출 대상도 아니었다. 그것은 오히려 우리가 오랫동안 바라고, 또 실천해오던 교육의 질문들을 정교하게 구조화한 하나의 체계였다.

IB는 "학생이 정말 배우는 게 무엇일까?", "평가는 점수 외에는 가능한 언어가 없을까?", "교사는 어떤 존재여야 할까?"와 같은 질문을 교육의 구조 안으로 끌고 들어왔다. 그리고 그 질문이야말로, 우리가 익숙하게 품고 있던 것들이었다.

이 책은 IB를 '모방하자'는 제안이 아니다. 오히려 그 체계를 하나의 '거울'로 삼아, 우리 교육의 가능성과 한계를 되짚어보려는 시도다. 그래서 '대안인가, 대립인가?'라는 질문은 결국 '우리 안의 교육은 어디에 서 있는가?'라는 되물음이기도 하다.

책은 IB의 이론이나 사례만을 나열하지 않는다. 실제 IB 교육과정을 실천하고 연구해 온 교사들, 입시와 진학 현장의 흐름을 누구보다 가까이에서 지켜본 전문가들이 함께 쓴 이야기다. 이 책을 통해 우리는 IB를 통해 한국 교육을 돌아보고, 동시에 한국 교육의 현장을 통해 IB를 다시 묻는 시도를 이어간다.

교육은 '답'을 찾는 일이 아니라 '질문'을 놓지 않는 일이라는 믿음. 그것이 이 책을 이끈 중심이다.

프롤로그

우리는 왜 이 대화를 시작했을까

처음엔, 조금 낯설고 조심스러웠다. 서로 다른 길을 걸어온 사람들이었다. 교실에서 아이들과 살아가는 교사, 입시의 최전선을 달리는 강사. 서로 다른 언어를 쓰고 있다고 생각했다.

그런데 그 언어 속 단어 하나가 우리를 같은 자리에 앉히게 했다. 바로 IB였다.

우리는 가볍게 이야기했다.
"IB는 사교육을 더 키우는 제도 아냐?"
"아니지, 공교육이 이걸 잘하면 사교육이 설 자리가 줄겠지."
농담처럼 던진 말이었지만, 그 속엔 우리가 살아낸 교육의 현실과 긴장감이 고스란히 담겨 있었다.

초등교사들은 말했다.
"IB요? 정말 좋아요. 아이들한테 꼭 필요한 교육이에요."
강사들도 고개를 끄덕였다.
"충분히 가능성 있어요. 특히 초등 아이들, 너무 잘 받아들여요."

하지만, 학교급이 올라갈수록 목소리는 달라졌다.
"중학교쯤 되면 현실과 괴리감이 생기더라고요."
"고등학교요? 수능 체제에서 과연 가능할까요?"

고개를 끄덕이던 이들이, 어느 순간 고개를 흔들기 시작했다.

입시라는 구조, 점수로 줄 세우는 문화, 정답이 정해진 교실.
그 안에서 질문을 키우는 교육이 정말 가능할까?

회의가 깊어질수록, 우리는 정체된 대화 속에서 한 발도 나아가지 못하는 느낌을 받았다.
하지만 그 멈칫거림이 우리에게 알려주었다.
우리가 멈춘 그 자리가, 가장 질문이 필요한 자리라는 것을.

그래서 이 책을 쓰기로 했다.
현실의 벽 앞에서 돌아서지 않기 위해, 그 벽을 함께 마주하고 질문을 나누기 위해.

공교육과 사교육, 입시와 수업, 이론과 현실.
다른 언어, 다른 풍경.
그 모든 사이를 오가며 우리는 결국 한 가지를 놓지 않았다.
학생의 성장, 그 하나의 중심.

이 책은 답을 주장하지 않는다.
다만, 질문을 멈추지 않겠다는 다짐이다.
우리는 지금, 답보다 질문이 필요한 교육을 시작하려 한다.

목 차

01

PART 01

거울을 들여다보다: 한국 교육 안의 '이미 시작된 변화'

CHAPTER

01 IB 교육, 왜 지금 한국 교육에 질문을 던지는가

교육은 질문으로 시작된다.
그리고 우리는, 다시 묻기 시작했다.

1. 글로벌 교육의 흐름과 IB의 등장

새로운 시대, 새로운 교육의 필요

정보와 기술이 폭발적으로 발전하고 인공지능과 자동화가 삶 전반에 침투한 시대, OECD는 'Education and AI' 보고서를 통해 디지털 포용성과 디지털 형평성을 강조하였다. 디지털 포용성에 따라 디지털 도구를 통해 모든 학습자들의 참여를 이끌며, 디지털 형평성에 따라 모든 학습자들이 디지털 기술, 역량, 사용 및 태도에 대한 접근의 공정성을 증진하고자 하였다. 이러한 교육적 흐름에 따라 학교 교육은 과거와는 전혀 다른 목적과 방향에 대한 요구가 증가되고 있다. 한 세대 전까지만 해도 교사의 설명을 충실히 듣고 지시받은 과제를 수행하는 것이 학생의 주요한 역할이었다. 하지만 이제는 지식의 양보다 지식 간의 연결, 문제 해결 과정에서의 통합적 사고, 다양한 맥락 속에서 협력할 수 있는 역량이 훨씬 더 중요시되었다. 오늘날 학생들이 맞이하게 될 미래는 정해진 답이 없는 과제를 마주하고, 끊임없이 질문하며, 자신의 판단을 근거 있게 구성해야 하는 세상이다. 이런 변화는 학교가 지식을 '가르치는 곳'에서 '생각하는 힘을 기르는 곳'으로 전환되어야 함을 의미한다. 메타인지와 성찰일지를 활용했을 때 학습자들은 학업 성취 향상에 유의미한 변화를 겪게 된다(박선희 외 2명, 2008). 즉 무엇을 알고 있는가보다, 어떻게 사고하고 성찰할 수 있는가가 더욱 중요해진 것이다.

항목	전통 교육	미래 교육(IB, OECD 방향 포함)
지식 활용	암기, 단답 중심	개념 간 연결, 응용력
평가 방식	정답 중심 시험	과정 중심 평가, 포트폴리오
교사 역할	지식 전달자	학습 촉진자, 퍼실리테이터
학생 역할	수동적 수용자	질문자, 탐구자, 구성자
수업 구조	교과 단위, 지식 나열	개념 중심, 융합 주제 탐구

글로벌 교육 담론과 OECD의 문제의식

이와 같은 교육 전환의 흐름은 국제기구의 정책 제안에서도 명확히 드러난다. 특히 OECD는 "2030 미래교육 프로젝트"를 통해 전통적인 교육 시스템이 더 이상 학생을 미래에 대비시킬 수 없다고 선언하며, 전통적 교과목 중심 교육에서 탈피하여 핵심 역량 중심 교육으로의 전환을 강조하고 있다. 그들이 제시하는 '학생 에이전시(agency)'는 학생이 자신의 학습을 스스로 설계하고, 타인 및 공동체와 상호작용하며, 더 나은 미래를 위해 책임 있는 행동을 선택할 수 있는 능력을 뜻한다. 이는 단순한 자기주도학습이 아니라, 학습자 스스로 사회 변화의 주체가 되는 능력을 의미한다. 또한 OECD는 '지식의 전이 가능성'과 '의미 중심의 학습'을 강조하며 '변혁 가능성'과 '새로운 가치 창출하기'를 학습 나침반의 요소로 선정하였다. 학습자가 주도성을 갖고 세계의 변화와 발전에 기여하기 위한 역량을 형성해야 함을 뜻하는 것이다. 이는 개념 중심 교육과 메타인지적 성찰이 중심이 되어야 한다는 것과 유사한 배경을 지니며, 이와 같은 담론은 IB 교육이 추구해 온 철학과 방향이 정확히 맞닿아 있음을 보여준다.

영역	OECD 2030	IB 철학 및 구조
학습자상	학생 에이전시	IB Learner Profile
수업 방향	의미 중심 학습, 전이 가능한 지식	개념 중심 탐구, 연결성 강조
평가	메타인지적 성찰 강조	루브릭 · 포트폴리오 중심, 자기성찰 포함
목표	공동체 기여, 미래 대응 능력	세계시민, 비판적 사고, 윤리적 실천

이는, 우리나라의 고교 학점제의 도입과 같은 배경에서 출발함을 알 수 있다. 대한민국의 고교학점제는 상대적으로 최근에 논의된 제도이지만, 그 안에는 한국 교육의 구조적 문제에 대한 반성이 담겨 있다. 가장 큰 문제의식은 획일적인 교육과 입시 중심 체계로 인해 학생 개개인의 진로와 적성, 삶의 방향성이 고려되지 않는다는 점이었다.

정해진 교과목, 정해진 수업시수, 정해진 진도표에 따라 일률적으로 움직이는 교육은, 개별 학생의 다양성과 잠재력을 수용하지 못했다. 이에 고교학점제는 학생이 과목을 선택하고, 수강하고, 이수하는 과정을 통해 자신의 학습 경로를 설계하도록 한다. 이는 '학생이 교육의 수동적 객체가 아닌 능동적 주체'로 자리매김하게 되는 구조적 변화라고 할 수 있다.

2차원적 전통적 교육이 모든 학생에게 같은 지식을 같은 방식으로 전달하는 데 집중했다면, 고교학점제는 '학생이 무엇을 왜 배우고 있는지'에 대한 자기 주도성, 진로 탐색, 실행력을 중시한다. 이를 통해 학생 개개인의 역량 발달을 촉진하며, 변화하는 사회가 요구하는 융합적 사고와 문제 해결력을 키우고자 하였다.

OECD 외에도 유네스코 2050은 지속 가능한 미래 건설을 위한 협력적, 변혁적 주체를 형성하는 데 초점을 두고 있다. 대부분 국가에서 교육을 경제 번영과 국가 경쟁력 강화의 수단으로 활용해 온 것을 비판하면서 상호 의존성, 상호 돌봄, 상호 연대의 방향으로 전환을 촉구하고 있다. 이러한 관점을 통해 UNESCO가 주장하는 미래교육이 지향하는 바가 OECD의 문제의식과 같은 결을 지니고 있음을 알 수 있다. '그렇다면 어떠한 교육이 이들의 관점을 반영할 수 있을까?'

IB의 출현과 그 철학적 배경

IB는 1960년대 스위스 제네바에서 시작되었으며, 초기에는 국경을 넘나드는 외교관 자녀들을 위한 고교 과정으로 기획되었다. 하지만 이 교육은 단지 실용적 필요를 넘어서서, 교육이 세계 시민성을 기르고 평화를 실현하는 데 기여해야 한다는 뚜렷한 철학적 기반을 갖고 있었다. IB의 핵심 가치에는 지식만이 아닌 이해, 사고만이 아닌 성찰, 성과만이 아닌 과정이 중심에 놓여 있다. 세계적 문제를 해결하기 위한 책임 있는 인재를 양성하는 것이 목표였으며, 이를 위해 학생의 전인적 성장, 다문화 이해, 비판적 사고, 윤리적 행동을 포함하는 교육이 요구되었다. 단일 국가의 시야에 머무르지 않고 보편성과 다양성을 동시에 추구하는 이러한 교육 철학은 곧 다양한 문화권의 공통 기반 교육 모델로 확장되기 시작했다.

IB 교육은 무엇보다 "어떤 사람을 기르려 하는가?"라는 본질적인 질문에서 출발한다. 이 질문에 대한 IB의 응답은 단순히 '지식 있는 사람'이나 '좋은 성적을 내는 학생'이 아니다. IB는 교육을 통해 세상을 더 깊이 이해하고, 타인과 연결되며, 책임 있는 선택을 할 수 있는 사람을 기르고자 한다. 이러한 철학은 총 10개의 성향으로 구성된 '학습자상(IB Learner Profile)'을 통해 구체화된다. 각 항목은 단순히 행동 지침이 아니라, 학습자와 교육자 모두가 지속적으로 지향해야 할 인간적 방향성이다.

1) Inquirers-탐구하는 사람

세상에 대해 궁금해하고, 그 궁금증을 질문으로 전환할 수 있는 힘은 학습의 출발점이다. 탐구하는 사람은 지적 호기심을 바탕으로 정보를 찾아내고, 새로운 개념을 연결하며, 문제를 자율적으로 해결해 나간다. 이들은 학습이 교실에만 국한된 것이 아니라 삶 전체에 걸쳐 지속되어야 함을 이해한다. IB는 이 성향을 통해 학생이 자기주도적이며, 학습을 '하는 일'이 아닌 '삶의 일부'로 받아들이게 하려 한다.

2) Knowledgeable-지식이 있는 사람

단순한 정보 축적을 넘어, 다양한 맥락과 교과를 넘나드는 폭넓은 지식을 습득하고 이를 이해하는 능력을 의미한다. IB는 깊이 있는 학문적 이해뿐 아니라, 다양한 문화, 지역, 역사에 대한 인식을 포함한 포괄적 지식 체계를 강조한다. 이 성향은 학생이 복잡한 세계 문제에 대해 교차적인 시각에서 사고할 수 있는 기반이 된다.

3) Thinkers-사고하는 사람

비판적이고 창의적인 사고를 바탕으로 복잡한 문제를 분석하고, 논리적으로 해결책을 모색하는 성향이다. 사고하는 사람은 주어진 정보를 그대로 수용하지 않고, 다양한 가능성과 관점을 탐색하며, 독립적인 판단을 내릴 수 있는 사람이다. IB는 이 성향을 통해 학생이 단순한 '정답 찾기'를 넘어, 의미 있는 판단을 내리는 삶의 태도를 기르도록 돕는다.

4) Communicators-의사소통하는 사람

자신의 생각을 명확하게 표현하고, 타인의 의견을 경청하며 의미 있는 대화를 나누는 능력을 의미한다. 의사소통하는 사람은 언어의 차이를 뛰어넘어 다양한 방식으로 소통하고, 상호 이해를 통해 협력을 실현한다. IB는 학생이 여러 문화권의 사람들과 협력할 수 있는 글로벌 커뮤니케이터로 성장하기를 기대한다.

5) Principled-원칙을 지키는 사람

정직, 공정함, 책임감, 존중 등의 윤리적 가치를 실천하며 자신의 행동에 책임을 지는 태도를 말한다. 원칙을 지키는 사람은 올바른 행동을 선택하고, 자신의 가치관과 일치하는 삶을 살기 위해 노력한다. IB 교육은 경쟁보다 공동체의 책임과 윤리성을 강조하며, 이를 통해 학생이 더 큰 사회적 맥락 속에서 자신의 역할을 자각하게 한다.

6) Open-minded-개방적인 사람

다양한 문화, 가치, 관점에 대해 열린 태도를 가지며, 자신의 관점도 상대화할 수 있는 능력을 의미한다. 개방적인 사람은 타인의 입장을 경청하고 이해하려 하며, 다름을 배움의 기회로 삼는다. 이는 다문화 세계에서 평화로운 공존을 위한 핵심적 자질이며, IB가 지향하는 국제적 마인드의 핵심이다.

7) Caring-배려하는 사람

다른 사람의 감정과 필요를 이해하고, 타인을 돕기 위해 행동하는 태도를 의미한다. 배려하는 사람은 공동체 안에서 협력하고, 공감과 책임의식을 바탕으로 관계를 형성하며, 더 나은 세상을 만들기 위한 실천을 중요하게 여긴다. IB는 이 성향을 통해 학생이 지식을 넘어서 실천적 윤리의식을 갖추기를 바란다.

8) Risk-takers-도전하는 사람

새롭고 낯선 상황에 두려움 없이 맞서며, 실패를 학습의 일부로 받아들이고 끊임없이 도전하는 태도다. 도전하는 사람은 불확실성을 회피하지 않으며, 새로운 아이디어나 방법을 실험하고, 그 경험을 통해 성장한다. IB는 안정된 틀 안의 배움보다, 학생이 스스로의 한계를 넘는 경험을 통해 진정한 자율성과 회복탄력성을 기르기를 바란다.

9) Balanced-균형 잡힌 사람

지적, 신체적, 정서적, 사회적 측면이 조화를 이루는 건강한 삶을 추구하는 태도이다. 균형 잡힌 사람은 학업뿐 아니라 예술, 운동, 인간관계 등 삶의 다양한 영역을 존중하며 자기관리를 실천한다. IB 교육은 전인적 인간의 성장을 강조하며, 균형 있는 삶이 깊이 있는 학습과 연결된다고 믿는다.

10) Reflective-성찰하는 사람

자신의 학습, 경험, 감정, 결정에 대해 스스로 돌아보고, 개선의 방향을 찾는 태도다. 성찰하는 사람은 자신의 강점과 한계를 인식하며, 더 나은 자신을 만들어가기 위한 고민과 실천을 이어간다. IB는 이 성향을 통해 학생이 단기 성취에 머무르지 않고, 평생에 걸친 학습자이자 삶의 성찰자로 살아가길 기대한다.

위 학습자상은 단지 학생만을 위한 것이 아니다. 교사 역시 이 성향들을 공유하고 실천해야 하며, 학교의 모든 문화와 제도는 이러한 성향들이 자연스럽게 자라날 수 있도록 설계되어야 한다. IB는 이 10가지 성향이 학습의 결과가 아니라, 학습의 방식이며 동시에 교육 공동체가 지향하는 문화의 기반이라고 말한다. 결국, IB 교육은 지식 중심의 교육이 아니라, 존재를 길러내는 교육이다. 그리고 이 학습자상은 그 존재가 어떤 방향으로 성장해야 할지를 가리키는 나침반이다. 각각의 학습자상의 특성에에 대해서는 5장에서 자세히 다룰 예정이다.

왜 지금, 다시 IB인가

오늘날 IB는 전 세계 159개국, 6천여 개 학교에서 운영되고 있으며, 공교육 체제 내에서도 IB를 도입하는 국가들이 늘어나고 있다. 이는 단지 국제대학 진학에 유리한 교육 시스템이라는 이유 때문만이 아니라, IB가 지닌 철학과 구조가 현재 전 세계 교육이 추구하는 방향성과 일치하기 때문이다. IB는 학생을 지식의 수용자가 아닌 생성자로 바라보며, 교사는 지식 전달자가 아닌 안내자라는 역할로 전환된다. 또한 학습자상과 탐구 중심 수업 구조는 교육이 인간의 존재방식 자체를 변화시킬 수 있다는 확신을 실천으로 이끈다. 즉 학습자가 주체성을 지닌 교육이 실현되는 것이다.

학생 주체성(student agency)은 오늘날 교육 담론에서 가장 중요한 키워드 중 하나이다. 하지만 그것을 실제로 실현하는 교육 모델은 드문 현실이다. IB는 학생 주체성을 단지 학습 활동의 일부로 제안하는 데 그치지 않고, 교육 철학의 중심 개념으로 삼고 있다. 그리고 이를 세 가지 교육과정(PYP, MYP, DP)과 학습자상, 평가 구조, 교실 문화에 이르기까지 체계적으로 구체화하고 있다.

이는 단순한 자율성이나 자기주도 학습의 개념을 넘어선다. 학생 주체성은 학생이 자기 학습의 방향과 의미에 대해 능동적으로 참여하며, 목표를 설정하고, 과정에 책임을 지며, 결과를 반성하는 능력을 포함한다. IB는 이를 "권리(rights)와 책임(responsibilities)"을 가진 존재로서의 학생으로 인식하는 데서 출발한다.

PYP: 탐구를 주도하는 어린 학습자

Primary Years Programme(PYP)에서는 주체성 개념이 가장 뚜렷하게 나타난다. PYP는 학생이 단순히 교사의 지시에 따라 움직이는 수동적 존재가 아니라, 자신의 관심과 질문을 중심으로 학습을 설계하는 탐구의 주체임을 강조한다. 문서에서는 이렇게 표현한다.

> "students are agents of their own learning and partners in the learning process"
>
> "The PYP nurtures independent and collaborative learners, encouraging every student to have voice, choice and ownership in their own learning."
>
> – *Primary Years Programme (PYP)* 사이트 –

즉 학생은 '목소리(voice)', '선택(choice)', '책임(ownership)'을 지닌 존재로 간주된다. 수업과 과제 설계 또한 이를 반영하여, 학생이 질문을 설정하고, 조사하며, 자신의 삶과 연결시키는 탐구 경험을 중심으로 구성된다.

MYP: 의미 있는 선택과 학습의 자율성

Middle Years Programme(MYP)에서는 주체성이 더욱 확장된 형태로 구현된다. 학생은 학습 활동에 참여하는 것뿐 아니라, 자신의 진로와 관심에 따라 과목을 선택하고, 프로젝트 주제를 기획하며, 타인과 협력하여 의미 있는 산출물을 만들어낸다. MYP의 핵심 평가 활동인 Personal Project는 학생의 관심사, 문화적 정체성, 공동체 문제 등을 탐색하는 과정으로 설계되며, 이는 학습을 삶과 연결하는 주체적 경험으로 전환시킨다.

이와 같은 구조는 학생이 자기 이해를 바탕으로 한 '의미 중심 학습'을 실현할 수 있도록 돕는다.

DP: 지적 독립성과 성찰의 구조화

Diploma Programme(DP)은 고등학교 2년 동안의 IB 교육과정으로, 대학 진학과 연결되는 동시에 학생의 지적 자율성과 철저한 성찰 역량을 길러주는 시스템으로 운영된다. 여기에서 학생 주체성은 단지 수업 참여를 넘어서, 연구와 글쓰기, 삶의 실천에 이르기까지 확장된다.

DP의 세 핵심 구성 요소인 EE(Extended Essay), CAS(Creativity, Activity, Service), TOK(Theory of Knowledge)는 모두 학생 스

스로가 주제를 설정하고, 자료를 탐색하며, 자신의 논리와 철학을 형성하는 과정을 포함한다. 이 세 가지 활동은 "학생이 학문과 삶을 통합적으로 사고하는 능력을 갖추도록 설계된 구조"이며, TOK에서는 다음과 같은 문장이 핵심 개념을 담고 있다.

> "This theme provides an opportunity for students to reflect on themselves as knowers and thinkers, and on the different communities of knowers to which we belong"
>
> — *Diploma Programme: Theory of Knowledge Guide* (2022), p. 2.

여기서 IB는 단지 학생이 '배우는 사람'이 아니라, 지식을 구성하고 해석하는 존재, 다시 말해 '아는 사람(knower)'으로 자신을 인식하는 메타인지적 능력까지 강조하고 있다.

IB는 문서상으로만 학생 중심을 외치지 않는다. 모든 문서, 프로그램, 수업 설계, 평가 도구, 교사 연수에 이르기까지 '학생 주체성'이 실질적으로 구조화되어 있다. 이는 IB가 왜 단순한 교육과정이 아니라 철학적 모델이자 실행 가능한 대안교육 체계로 평가받는지를 잘 보여준다.

지금 다시 IB가 주목받는 이유는, 그것이 단순한 대안이 아닌, 교육이 향해야 할 근본적 방향을 가장 먼저 체계화한 실천적 모델이기 때문이다.

우리나라뿐만 아니라 세계적으로 주목받고 있는 IB를 채택한 나라들의 사례는 다음과 같다.

일본: 글로벌 인재 양성과 사고 중심 교육으로의 전환

일본은 전통적으로 암기 중심의 교육 시스템을 운영해 왔지만, 21세기에 들어서면서 비판적 사고력, 창의성, 국제적 소양을 갖춘 인재 양성의 필요성이 대두되었다. 이에 따라 일본 문부과학성(MEXT)은 2011년, 5년 내에 IB 디플로마 프로그램(DP)을 200개 일본 중등학교에 도입하는 'IB 200 학교 프로젝트'를 발표했다. 이 계획은 일본어와 영어를 병행하는 이중언어 프로그램을 개발하여, 일본의 공립학교(Article One schools)에서도 IB를 운영할 수 있도록 지원하는 것을 포함했다 .

이러한 정책적 노력은 일본 교육의 국제화와 교육 방식의 혁신을 동시에 추구한 결과였다. 특히, 일본의 주요 기업들은 IB DP 커리큘럼을 글로벌 인재를 양성하는 이상적인 교육 도구로 인식하고 있으며, 이는 일본의 경제적 성공을 지원하는 데 도움이 될 것으로 기대하고 있다 .

호주: 다양성과 국제적 경쟁력 강화를 위한 선택

호주는 다양한 문화적 배경을 가진 학생들이 공존하는 다문화 사회로, 교육에서도 이러한 다양성을 반영하고자 하는 노력이 지속되어 왔다. 특히, 브리즈번의 명문 사립 여학교인 서머빌하우스(Somerville House)는 2026년부터 유치원부터 6학년까지는 IB 초등 프로그램(PYP)을, 11~12학년에는 전통적인 ATAR 경로와 IB 디플로마 프로그램 중 선택할 수 있도록 계획하고 있다. 이는 학생들에게 비판적 사고, 창의성, 글로벌 관점을 함양할 수 있는 기회를 제공하고자 하는 목적에서 비롯되었다 .

이러한 도입은 학생들에게 미래 사회에서 요구되는 역량을 키울 수 있는 교육 환경을 제공하며, 학교의 교육 품질을 향상시키는 데 기여하고 있다.

캐나다: 대학 진학과 글로벌 시민 양성을 위한 전략

캐나다는 IB 프로그램을 통해 학생들의 학문적 성취뿐만 아니라, 글로벌 시민으로서의 역량을 함양하고자 하는 목표를 가지고 있다. 특히, 온타리오주에서는 IB 프로그램이 학생들의 학업 성취도 향상과 대학 진학에 긍정적인 영향을 미친다는 연구 결과가 있다. 이는 IB 프로그램이 학생들에게 비판적 사고, 연구 능력, 시간 관리 능력 등을 길러주어, 대학 생활에 필요한 핵심 역량을 갖추게 하기 때문이다 .

또한, 토론토의 써니브룩 스쿨(Sunnybrook School)은 1999년에 캐나다 최초로 IB 초등 프로그램(PYP)을 도입하여, 학생들에게 국제적인 교육 환경을 제공하고 있다. 이 학교는 IB 프로그램을 통해 학생들의 독립적인 사고와 글로벌 마인드를 함양하는 데 중점을 두고 있다 .

이러한 사례들을 통해 볼 때, 일본은 교육의 국제화와 사고 중심 교육으로의 전환을 위해, 호주는 다양성과 국제적 경쟁력 강화를 위해, 캐나다는 대학 진학과 글로벌 시민 양성을 위한 전략으로 IB를 도입하였다. 각국의 교육적 필요와 사회적 요구에 따라 IB 프로그램이 효과적으로 활용되고 있음을 알 수 있다.

오늘날 세계 여러 나라들은 미래 사회에 필요한 인재를 기르기 위해 IB 외에도 다양한 교육적 혁신을 도입하고 있다. 미국의 AP(Advanced Placement), 영국의 A-Level, 한국의 자유학기제 또한 그 흐름 속에서 주목받는 대표적인 모델이다. 이들은 저마다 고유의 목적과 장점을 지니고 있지만, IB가 추구하는 교육의 깊이와 범위는 분명히 다르다.

AP는 미국 대학 과목을 고등학생이 선이수하도록 설계된 제도로, 학생의 학문적 능력을 조기에 계발할 수 있다는 점에서 매우 유용하다. 하지만 학습은 철저히 시험 중심으로 운영되며, 사고 과정보다는 정답 도출과 결과 중심의 성취가 강조된다. 학생은 교사가 설계한 학습 경로를 따라가며 주어진 범위를 소화해야 하고, 자기 주도적 질문이나 삶과의 연결을 시도할 기회는 제한적이다.

A-Level은 영국식 교육 모델로, 학생이 특정 과목을 깊이 있게 학습하도록 구성된다. 과목 선택의 자율성이 비교적 보장되며, 전문 분야로의 진입을 준비하는 데 적합하다. 하지만 이 또한 개별 과목의 '성취'에 집중되며, 과목 간의 통합적 연결이나 삶의 맥락에서 사고를 확장하는 구조는 상대적으로 약하다.

한국의 자유학기제는 시험 부담을 줄이고 진로 탐색과 자기 주도학습의 기회를 넓히기 위한 시도로, 학생들의 흥미를 유도하고 교실 문화를 다양화하는 데 의미 있는 기여를 해왔다. 그러나 여전히 정규 교육과정과 분리된 '특별한 시기'로 인식되는 한계가 있으며, 체험 중심 활동이 중심이 되다 보니 사고의 구조화나 개념적 전이로 이어지는 데 어려움이 있다.

이와 비교할 때, IB는 단지 한두 가지 교육 요소를 개선한 수준이 아니라, 교육의 철학, 수업의 구조, 평가의 방식, 학교 문화 전반을 하나의 일관된 틀로 통합해 낸 모델이다. IB는 지식 자체보다 개념의 이해와 사고의 흐름을 중시하며, 배움이란 단지 성취의 수단이 아니라 자아 형성과 공동체 기여의 실천적 과정임을 강조한다. 학생은 단지 학습 내용을 배우는 존재가 아니라, 배움의 방향을 설계하고 자신의 삶과 연결시키는 주체로 성장한다. 평가 역시 점수보다는 과정, 논리, 성찰, 실천을 중심으로 설계되어 있으며, 루브릭과 포트폴리오 같은 도구를 통해 학습자의 사고 구조와 성장 맥락을 세밀하게 들여다본다.

결국 IB의 가장 큰 차별점은, '배움'이라는 개념을 단순히 앎의 확장이 아니라 존재의 확장으로 바라본다는 데에 있다. 학생은 단지 똑똑한 사람이 아니라, 이해하고, 반성하며, 책임지는 인간으로 길러진다. 바로 이것이 IB가 단순한 교육 프로그램이 아니라, 교육이 지향해야 할 철학적 모델로 주목받는 이유다.

그러나 IB는 우리 교육이 처음부터 염두에 둔 유일한 대안이 아니었다. 오히려 그동안 한국 교육은 국가 주도의 교육과정, 표준화된 평가 시스템, 상대평가 기반 입시 구조에 깊이 뿌리내리고 있었다. 학생 개별성을 강조하는 교육 모델은 실험적으로 시도된 적은 있으나, 체계적이고 제도적인 뒷받침은 부족했다. 그럼에도 불구하고 최근 몇 년 사이, 교육계는 점점 IB라는 국제 교육 모델에 주목하게 되었다. 그 이유는 단순한 유행이나 글로벌 이미지 때문이 아니라, 우리 교육이 안고 있는 구조적 문제에 대한 반응이자 미래 방향에 대한 모색으로서의 흐름이었다.

먼저, 한국 교육은 과잉 경쟁과 입시 중심 시스템이 오랜 시간 동안 학생들의 창의성과 자율성을 억누른다는 비판을 받아왔다. 자유학기제, 고교학점제, 학생참여형 수업, 과정중심 평가 등 수많은 정책들이 이 문제를 해결하고자 시도되었다. 그러나 이들 중 다수는 기존 틀 안에서 일시적 완화를 제공하거나, 교사의 자율성에 전적으로 의존한 비일관적인 운영에 머무는 경우가 많았다. 특히 학생의 주체성과 자기주도적 학습을 강조하는 담론은 많았지만, 이를 실제로 학교 현장에서 구조적으로 실현할 수 있는 평가, 커리큘럼, 교사 연수 시스템까지 포함한 전면적 모델은 드물게 나타났다.

이런 상황 속에서 IB는 하나의 구조화된 대안으로 제시되었다. 경기도교육청과 제주도교육청은 비교적 빠르게 IB 도입을 검토하였고, 일부 혁신학교나 공립학교들이 '국제바칼로레아 한국어화' 프로그램을 시범 운영하기 시작했다. 이 과정에서 IB는 학생 주도적 탐구, 개념 기반 수업, 루브릭과 포트폴리오 기반의 평가, 교사의 촉진자적 역할 등 한국 교육이 방향성을 잡고자 했던 요소들을 이미 시스템 차원에서 구현하고 있는 점에서 주목을 받았다. 다시 말해, IB는 처음부터 우리가 설계한 모델은 아니었지만, 우리가 추구하고자 하는 교육 철학과 구조적 조건을 '완성된 형태'로 보여주고 있었던 것이다.

그러나 IB를 국내에 도입하면서 마주한 한계와 우려도 분명하다. 첫째, IB는 기본적으로 외국 대학 진학을 염두에 둔 국제학교 모델에서 출발했기 때문에, 한국의 대학 입시 제도와는 평가 기준이나 포트폴리오 구성 방식이 일치하지 않는다. 따라서 고교 IB 도입이 실제 입시와 어떻게 연결될 수 있을지에 대한 제도적 조정이 필요하다. 둘째, IB는 교사에게 매우 높은 수준의 전문성과 수업 설계 능력을 요구하며, 표준화된 수업안을 따르지 않기 때문에, 현장 교사의 부담이 크고 연수 시스템이 이를 충분히 뒷받침하지 못하는 상황도 발생할 수 있다. 셋째, 교육과정 전반이 영어 기반으로 설계되어 있었기 때문에, 한국어 번역 및 로컬라이징 과정에서 문화적·언어적 맥락이 왜곡될 수 있다는 우려도 제기되었다.

그럼에도 불구하고, IB는 '완벽한 정답'이라서가 아니라, 우리 교육이 오랫동안 갖지 못했던 구조적 정합성과 실천 체계를 갖추고 있었기 때문에 선택되었다. 한국 교육이 강조해 온 '미래 역량', '학생 주도성', '전인적 성장', '과정 중심 평가' 등의 키워드를 추상적인 담론이 아니라 수업, 평가, 교육과정 설계에서 일관되게 구현한 사례로서, IB는 그 자체로 중요한 참조점이 되었다. 이는 IB를 전면적으로 수입한다는 뜻이 아니라, IB를 경유하여 우리 교육이 자기 반성과 설계 역량을 키워나가는 출발점으로 삼을 수 있다는 가능성을 의미한다.

한국 교육이 IB를 바라보는 시선은 여전히 다양하다. 어떤 이들은 제도적 괴리와 언어적 한계를 지적하며 조심스럽게 접근해야 한다고 말하고, 다른 이들은 오히려 이 모델을 통해 우리가 그동안 추구했던 교육 개혁의 방향이 보다 구체적인 형태를 갖출 수 있다고 평가한다. 중요한 것은 IB가 우리의 교육 철학을 대체하는 것이 아니라, 우리가 추구하는 방향성을 어떻게 구조화하고 실현할 것인가에 대한 하나의 참고 모델로 활용할 수 있느냐는 점이다. 그 관점에서 본다면, IB는 단지 외국의 교육과정이 아니라, 우리가 바꾸고자 했던 교육의 문제를 다시 정리하고, 그에 대한 실천을 고민하게 해주는 반사경으로서 작용하고 있다.

2. IB 교육이 보여주는 학생 주도성의 의미

학생 주도성은 무엇인가: 오해와 한계

학생 주도성이라는 말은 교육계에서 흔히 쓰이지만, 그 의미는 종종 오해되거나 왜곡되어 사용된다. 과제를 혼자 하게 했다고 해서 주도성이 생기는 것은 아니며, 단지 교사의 개입이 줄어든 상태를 주도성이라고 부를 수는 없다. 주도성은 단순히 자율성과 동일한 개념이 아니다. 오히려 그것은 학생이 자신의 학습을 스스로 '이해하고 의미화할 수 있는가', 그리고 그 배움의 이유를 스스로 성찰하고 재구성할 수 있는가의 문제다. 진정한 주도성은 학습자의 존재 방식에 대한 물음이며, 단순한 학습 방법이 아닌 자기 인식과 판단, 가치 선택을 동반하는 깊은 행위다.

IB의 수업 구조와 주도성

IB는 수업 구조 자체를 학생 중심으로 설계한다. PYP에서는 탐구 질문과 개념 중심의 주제를 중심으로 유닛이 구성되며, 교사는 학생이 스스로 질문을 만들어내고 자료를 탐색하며 의미를 구성하는 과정을 안내한다. MYP에서는 학생들이 글로벌 맥락 속에서 자신과 세계를 연결 짓는 방식으로 학습하며, 개인 프로젝트나 서비스 학습 등 다양한 수행 과제를 통해 자신이 선택한 주제를 깊이 있게 탐색한다. DP 과정에서는 확장 에세이, 지식이론 수업, CAS 활동을 통해 학생은 자신만의 지적 여정을 설계하고, 이를 논리적으로 구성해 낸다. IB 수업에서 학생은 단지 지시를 따르는 존재가 아니라, 학습의 과정 전반을 스스로 이해하고 조직하는 주체가 된다.

주도성을 설계하다: 수업 구조와 과제의 재구성

학생 주도성이 현실에서 작동하려면, 그것이 머무는 공간인 수업과 과제 자체가 달라져야 한다. 기존의 수업 구조는 교사가 학습 내용을 결정하고, 학생은 그것을 따라가는 일방향 흐름으로 구성되는 경우가 많다. 하지만 IB 교육은 수업의 흐름 자체를 학생의 사고와 탐구에 맞춰 설계한다. 그 핵심은 '탐구'이다. IB의 모든 프로그램은 학생이 스스로 질문하고, 그 질문을 따라 사고를 확장하며, 실제와 연결된 의미 있는 학습을 설계할 수 있도록 구조화되어 있다. 이를 위해 교과서는 중심이 아니다. 중심이 되는 것은 질문, 개념, 맥락이다. 예를 들어 PYP에서는 '우리는 누구인가', '세상은 어떻게 작동하는가' 같은 초학문적 질문을 중심으로, 교과 간 경계를 허물고 탐구 주제를 설정한다. MYP의 과제 역시 정답을 요구하기보다, 학생이 선택할 수 있는 주제와 표현 방식을 제공하며, 그 안에서 자신의 관심, 삶의 경험, 문화적 배경을 녹여낼 수 있도록 설계된다. DP에서는 '지식이론(TOK)'과 '확장 에세이(EE)'를 통해 학생이 탐구할 주제를 스스로 정하고, 자료를 수집하며, 논리를 구성하고 글을 쓰는 전 과정을 주도하게 된다. 과제는 더 이상 완성된 정답을 재현하는 데 목적이 있지 않다. 오히려 새로운 관점을 구성하고 자신만의 해석을 논리적으로 설득해 내는 데 집중된다. 교사는 이 흐름을 통제하지 않고, 방향을 제시하고 사고의 깊이를 확장시키는 역할에 집중한다. 이러한 수업 구조는 학생에게 진짜 선택지를 제공하며, 학습이 외부의 요구가 아닌 내부의 동기에서 비롯될 수 있도록 만든다. 주도성은 단지 태도의 문제가 아니라, 학습 환경이 제공하는 구조와 자유의 조건에서 출발한다.

3. 한국 교육의 위기: 교육과 입시의 간극

교육과 입시의 괴리

[교육 목표]
내면화, 창의성, 비판적 사고 등 전인적 발달
↓
[평가 방식]
성장 중심 평가, 수행 중심 평가가 이상적이나 실제로는 정량 중심(수능, 내신, 등수 위주)
↓
[대학 반영 방식]
대부분 정량적 평가 결과 위주 전형
↓
[교육 현장에 미치는 영향]
수업이 시험 대비 위주로 전락
학생의 창의성 · 비판적 사고보다 문제풀이 능력 중시
교사의 자율성과 교육 다양성 제한
↓
[결과]
교육 목적과 입시 목적이 충돌

교육의 목적은 인간의 성장과 사회적 적응, 자기 실현에 있다. 그러나 현재의 교육 시스템은 이러한 목적과는 거리가 멀다. 아이들은 자신의 흥미나 역량을 발견하고 계발하기보다는, 정해진 범위의 지식을 암기하고 이를 평가받는 데 집중한다. 이 과정에서 배움은 생명력을 잃고, 학생은 능동적 주체가 아닌 수동적 수용자가 된다.

한국 교육은 오랜 시간 동안 '입시'라는 하나의 축을 중심으로 돌아가는 구조 속에서 발전해 왔다. 학생들은 초등학교 입학과 동시에 대학 입시를 염두에 두고 공부를 시작했으며, 교실은 지식을 습득하는 공간이라기보다는 시험을 준비하기 위한 '훈련소'가 되어버렸다. 이처럼 입시가 교육을 지배하는 현실 속에서 교육의 본질적 의미는 점차 퇴색되었다.

실제 국내 중고등학생이 학습 목적으로 앉아있는 시간이 평일엔 7.59시간, 주말엔 하루 평균 3.84시간으로 나타났다. 국내 중고등학생의 평균 학습 시간은 OECD 평균을 훨씬 상회하는 시간이다. 그러나 이 시간의 대부분은 수능 대비를 위한 문제풀이와 암기에 집중되어 있으며, 창의적 사고나 자기주도 학습의 시간은 상대적으로 부족하다. 서울 소재 한 자율형 사립고 교사는 "토론이나 프로젝트를 시도하면 학부모로부터 '입시에 도움이 되느냐'는 문의가 먼저 온다"고 토로했다.

이러한 입시 중심 구조는 교사들의 역할에도 깊은 영향을 미쳤다. 수업을 통해 학생들의 사고력과 창의력을 키우고자 하는 열망이 있어도, 입시와 무관한 활동은 '비효율'로 간주되기 쉬웠다. 결국 교사들은 점수화 가능한 수업, 시험 대비형 강의에 집중할 수밖에 없었다. 2023년 한 중학교에서 수행평가로 '자기만의 책 만들기' 프로젝트를 시행한 사례가 있었다. 일부 학생과 학부모는 이를 두고 "쓸데없이 시간을 낭비하게 한다"며 항의했고, 다음 학기부터 해당 프로젝트는 폐지되었다.

교육과 입시 사이의 이 괴리는 단순히 수업 방식이나 시험 유형의 문제가 아니다. 그것은 곧 우리가 어떤 인간상을 지향하는가에 대한 사회 전체의 합의가 부족하다는 사실을 반영한다. '좋은 학생'은 여전히 '좋은 대학에 가는 학생'으로 환원되고 있으며, 이러한 시선은 교육의 다양성과 창의성을 가로막는 주된 원인이 되었다.

학교생활기록부에 기재되었던 개인봉사활동, 독서활동, 수상경력, 자율동아리 내역이 대학에 미반영되면서 관련 활동에 대한 참여도가 급격하게 낮아졌다. 이는 단지 학생 개인의 문제라기보다, 교육의 목적이 경쟁과 결과 중심으로만 해석되어 온 구조적 배경에서 비롯된 것이다.

이러한 구조는 학생의 정체성 형성과 심리적 안정에도 영향을 미친다. 한국청소년정책연구원의 '2023 아동・청소년 인권실태조사'에서는 최근 1년 사이 죽고 싶다는 생각을 해본 적이 있는 중고등학생이 31.2%로 나타났다. 죽고 싶다고 생각한 이유는 학업 문제(42.7%)가 가장 높은 비율을 차지했다. 우울증 및 불안 장애 경험 비율도 증가 추세에 있었다.

결국 문제는, 교육이 입시에 종속되는 동안 교육 본연의 가치는 사라졌다는 데 있다. 서울경제신문 기사에 따르면 한국 교육이 대학 입시에 종속되면서 다양성과 전문성을 키우지 못하고,

교육 시스템 전반이 왜곡되고 있다고 지적한다.

또한 여러 교육 칼럼에서도 대학 입시에서 성적이 최고의 목적이 되면서, 창의적 인재나 공동체 의식을 가진 시민을 양성하기 어려운 현실을 비판한다. 자기 주도적 학습자, 창의적 문제 해결자, 공동체 의식을 가진 시민이라는 교육의 지향점은 실종되고, 남은 것은 '점수'와 '스펙'뿐이다. 이와 같은 현실은 지금 이 순간에도 수많은 교실에서 반복되고 있다.

이제 우리는 질문해야 한다. 교육이란 무엇인가? 그리고 우리는 우리 아이들을 어떤 인간으로 성장시키고 싶은가? 그 해답은 시험 성적이 아닌, 교육의 방향을 다시 설정하려는 사회 전체의 진지한 고민에서 출발해야 한다.

IB 교육의 등장과 평가

이러한 맥락 속에서 최근 주목받고 있는 교육 모델 중 하나가 바로 IB(International Baccalaureate) 교육이다. IB는 1968년 스위스 제네바에서 시작된 국제 교육 프로그램으로, 현재 전 세계 160개국 이상의 학교에서 채택되고 있으며, 학생들의 비판적 사고, 창의적 문제 해결 능력, 국제적 소양 등을 기르는 데 초점을 맞추고 있다. 특히 '지식 습득'보다는 '지식 활용'을 중심으로 교육 내용을 구성하는 IB는, 기존의 한국 교육 시스템과는 근본적으로 다른 철학을 바탕으로 한다.

IB 교육은 기존의 주입식 교육과는 전혀 다른 학습 패러다임을 제시한다. 학생은 수업의 수동적 수용자가 아니라, 질문을 던지고 탐구하며 자신의 의견을 표현하고 이를 실천하는 '배움의 주체'로 자리매김한다. 예를 들어, IB의 핵심 개념인 '학습자상(IB Learner Profile)'은 단순한 지식 전달을 넘어, 배려심 깊고, 원칙에 충실하며, 도전정신을 가진 글로벌 시민으로 성장하도록 유도한다. 이는 지적 능력 못지않게 태도와 가치를 중요하게 여기는 IB의 독특한 교육철학을 보여준다.

이러한 교육 철학은 실제 수업 방식에서도 뚜렷이 드러난다. 충청북도교육청 IB 관심 학교인 일신여자고등학교는 교과별 정규 수업에 탐구 기반 수행 평가를 확대 도입해 국어, 수학, 과학 등 다양한 과목에서 IB 평가 요소를 적극 반영하고 있다. 또 '자기 도전 프로젝트', '독서 기반 탐구 활동', '학생 주도 수업 나눔' 프로그램을 통해 학생 주도 학습문화를 정착시키고 있다.

IB 교육은 평가에서도 차별점을 갖는다. 기존의 정답 중심의 시험에서 벗어나, 사고의 과정을 평가하는 서술형 평가와 포트폴리오 기반의 성찰 평가가 중심을 이룬다. 이 평가들은 단순한 성적 기록이 아니라 학습의 연장선으로 기능하며, 교사와 학생이 함께 성장하는 과정을 담는다. 대구시교육청이 2021년부터 운영한 대구외고의 IB 디플로마 프로그램에서는 학생들이 TOK(지식이론) 과제를 통해 "지식은 보편적인가?"와 같은 질문에 대해 철학적 성찰을 논문으로 풀어내는 방식으로 평가받는다. 이 과정은 점수보다 사고의 깊이와 논리 전개 능력을 중심으로 학생을 바라보게 한다.

IB의 가장 큰 특징은 '학습자 주도성'과 '과정 중심 평가'이다. 이는 한국 교육이 안고 있는 가장 큰 문제인 '수동적 수용자 중심 교육'과 '결과 중심 평가'와 정면으로 충돌한다. 하지만 바로 이러한 차이가 IB 교육이 단순한 대안이 아니라, 교육의 본질을 회복하려는 전 세계적인 흐름의 일환임을 보여준다.

구분	IB 평가	한국형 입시 평가
평가 목적	학생의 전인적 발달 및 창의적, 비판적 사고 능력 향상	학업 성취도 및 대학 입시를 위한 성적 산출
평가 도구	과정 기반 평가(수행 평가, 프로젝트, 포트폴리오 등)	주로 정량적 평가[1](수능 내신, 모의고사 등)
반영 방식	지속적인 평가(내신, 포트폴리오, 수행평가 등 종합적 반영) 절대 평가(친구는 배움을 공유하는 관계)	수능 점수 및 내신 성적 중심으로 대학 입시에 반영 상대평가(줄세우기, 친구는 경쟁관계)
교사 역할	학생의 개별적 성장 지원 피드백 제공, 교수법의 유연성	수험생을 위한 문제풀이 교육, 시험 준비 지원
학생 역할	자율적인 학습, 탐구 및 협력적 학습 활동	시험 준비와 높은 성적 달성을 위한 노력, 시험 중심 학습

최근 한국에서도 IB 교육을 공교육에 접목하려는 움직임이 나타나고 있다. 교육부는 2021년부터 '한국형 IB(KIB)' 개발을 추진하며, 대구·제주 등의 지역 교육청을 중심으로 실험학교를 운영하고 있다. 대구시교육청은 IB 교육의 철학을 살리면서도 국내 대학 입시와의 연결을 고려해 '국내 평가 기반의 IB 수업 모델'을 제시하고 있다. 서울시교육청 또한 2024년 상반기부터 IB 학교 첫 단계인 'IB 관심학교' 38개교(초 22교, 중 16교), 두

1) 정량평가: 객관적이고 수치화된 기준으로 평가하는 방식으로, 점수나 등급처럼 명확한 답이 있어 비교와 순위 매기기가 가능한 평가이다. 예를 들어, 내신 점수, 수능 점수 등이 이에 해당한다.

번째 단계인 'IB 후보학교' 6개교(초 3교, 중 3교)를 운영하고 있다. 원활한 운영을 위해 교사 연수, 교육과정 재구성, 평가 방식 변화 등을 전면적으로 준비하는 중이라고 밝혔다.

그러나 이러한 시도는 여전히 많은 도전과 과제를 안고 있다. 일부 교사들은 평가 기준의 불명확성과 교사의 업무 부담을 지적하고 있으며, 학부모들 사이에서도 "입시에 도움이 되는가"에 대한 우려가 여전히 존재한다. 특히 대학 입시와의 연계 문제가 뚜렷한 해결책 없이 남아 있는 점은 IB 교육 확산의 가장 큰 장애 요소로 작용한다.

실제로 2023년 대구외고에서 IB 디플로마를 취득한 학생들 중 일부는 국내 대학 수시 전형에서 불리함을 경험했다. 이 중 한 학생은 "CAS(창의성, 활동, 봉사) 시간에 열정적으로 활동했지만, 생활기록부에 기재가 되지 않아 아쉬움이 남았다"고 말했다. 이는 국내 입시 체계가 IB 교육의 성과를 온전히 수용하지 못하고 있음을 보여주는 단적인 사례다.

그럼에도 불구하고 IB 교육은 우리가 '어떤 교육을 지향해야 하는가'에 대한 방향성을 제시한다. 단순히 정답을 찾는 능력이 아닌, 삶의 문제에 질문을 던지고 그 해답을 스스로 찾아가는 인간형을 길러내는 교육이 필요하다. 이는 점점 더 복잡해지는 사회에서 필수적인 역량이며, IB 교육은 이를 실현 가능한 모델로 제시하고 있다.

교육과 입시의 간극을 드러낸 실제 사례

IB 교육이 지향하는 철학은 명확하다. 학생 개개인의 탐구력과 사고력, 전인적 성장을 강조하며, 배움의 주체로서 스스로 질문을 던지고 삶과 연결된 지식을 구성해 가는 과정이다. 그러나 이러한 교육이 국내 현실 속에서 정착되기 위해서는 반드시 넘어야 할 벽이 존재한다. 바로 '입시'라는 구조적 장벽이다. 아무리 교육 현장에서 혁신이 이루어진다 하더라도, 그 결과가 대학 입시라는 현실적 관문에서 인정받지 못한다면, 학생과 교사, 학부모 모두에게 그 선택은 큰 부담이 될 수밖에 없다.

국내 대학의 수시 전형 가이드 문서에는 공식적인 IB 점수 변환 기준이 명시되어 있지 않다. 대부분의 대학은 IB 점수를 국내 내신 등급으로 직접 환산하지 않고, 지원자의 전체적인 학업 역량과 활동을 종합적으로 평가한다.

IB 교육과 대학 입시의 모순되는 대표적인 사례로 널리 알려진 사건이 있다. 2023년 경북대학교 사범대학 부설고등학교(경대사대부고)에서 IB 디플로마 프로그램을 이수한 한 학생은 전 세계적으로 상위권에 해당하는 점수인 42점을 받았다. IB 디플로마는 총 45점 만점이며, 40점 이상은 하버드대나 옥스퍼드대 진학도 가능하다는 평가를 받는 수준이다.

그러나 이 학생은 국내 주요 대학의 수시 전형에서 줄줄이 불합격 통보를 받았다. 입학 사정관들이 IB 교육의 성과에 익숙하지 않거나, 성적 환산 기준이 명확하지 않다는 점이 그 이유였다. 결국 이 학생은 캐나다 토론토대학교에 장학생으로 선발되어 유학길에 올랐으며, 이 사례는 국내 입시 평가 시스템의 한계를 상징적으로 드러내는 계기가 되었다.

경대사대부고에서 IB 디플로마 과정을 이수한 학생들은, 시험 점수가 아닌 질문을 던지고 생각을 정리하며 표현하는 능력을 키워나갔다.

이 과정에서 학생들은 눈에 띄는 변화를 보였다.

- 전: "시험을 잘 보기 위해 외운다"
- 후: "내 생각이 사회에 어떤 의미를 줄 수 있는지 고민한다"
- 전: "틀리면 안 된다"
- 후: "틀려도 나만의 해석을 내는 과정이 중요하다"

이러한 변화는 단순한 태도 변화가 아니다. 학생이 스스로 사고하고 표현하고 반성할 수 있는 힘, 바로 이것이 교육이 추구해야 할 본질이다.

또한, 다음과 같은 긍정적 변화가 나타났다.

- 수업 발언 및 토론 참여 3배 이상 증가
- 팀 활동에 "주도적으로 참여"
- 자기주도 학습 능력 향상을 체감
- 학습 만족도 증가

이는 단지 수업 방식이 달라졌다는 의미가 아니다. 학생이 수업의 주체가 되었고, 학습이 점수가 아닌 성장의 도구가 되었음을 보여주는 증거다. 교육의 목표에 부합하는 성장이 일어난 것은 분명하다. 문제는 대학 입시와의 관련성이다.

이러한 현실은 단순한 개인의 사례를 넘어, 공교육 차원에서 IB를 도입하려는 흐름에도 찬물을 끼얹는다. 서울특별시교육청이나 대구광역시교육청처럼 IB 시범 운영을 확대하려는 교육청조차도, "입시와의 연계"를 고민하지 않을 수 없다.

또 다른 사례로, 제주외고 역시 2021년부터 IB 교육을 시범 운영하고 있지만, 일부 학부모는 "과연 이 교육이 수시 전형에서 얼마나 이점이 있는가"를 두고 의문을 제기하고 있다. IB 수업에서 진행한 프로젝트, CAS 활동, TOK 에세이 등은 평가 항목으로서 분명한 교육적 가치가 있으나, 정량화되지 않거나 생활기록부에 제한적으로만 반영되기 때문에 국내 대학 입시에서 결정적 자료로 사용되기 어렵다. 결국 이는 '좋은 교육'과 '좋은 대학 진학' 사이에서 학생들에게 양자택일을 강요하게 되는 구조다.

이런 입시 현실은 교사들에게도 선택을 강요한다. 서울의 한 고등학교 교사는 "학생들의 사고력과 탐구력을 기르는 수업을 하고 싶어도, 정작 내신을 따야 하는 현실 앞에서는 시험 대비 문제풀이로 회귀하게 된다"고 토로했다. 한편 IB 교육을 도입한 교사들 중 일부는 "수업은 만족스럽지만, 학부모 상담에서 '이게 대입에 도움이 되냐'는 질문을 가장 많이 받는다"고 말한다. 결국 교사 역시 입시 중심의 교육과 진정한 배움 사이에서 줄타기를 할 수밖에 없는 현실이다.

입시가 교육의 본질을 압도하는 구조는 국제 비교를 통해서도 확인된다. 한국 학생의 주당 사교육 시간은 OECD 평균보다 높은 수치이며 대학 진학률은 세계 최고 수준이다. 하지만 학생들의 수업 만족도는 매우 낮은 편이다. 이는 성과 중심의 입시 시스템이 오히려 학습의 질을 떨어뜨리는 결과를 초래하고 있다는 분석이다.

결과적으로, IB 교육과 같은 혁신적 모델이 국내에서 온전히 자리 잡기 위해서는, 단순히 학교 현장의 의지만으로는 부족하다. 입시 제도의 전면적 재설계와 함께, 대학들이 IB 교육에서 평가된 역량을 신뢰하고 반영할 수 있도록 제도적 정비가 이뤄져야 한다. 2028년 대입제도 개편이 이러한 방향을 담아낼 수 있을지가 중요한 시험대가 될 것이다.

이 과정에서 우리는 결국 다음과 같은 질문 앞에 서게 된다. "좋은 교육이란 무엇인가?" 그리고 "좋은 교육이 좋은 입시 결과로 이어질 수 있는가?" 지금까지는 이 두 질문이 서로 다른 길을 가고 있었지만, 이제는 그 둘이 만나는 교차점을 찾아야 할 시점이다. 그렇지 않다면, 우리는 여전히 교육의 이름으로 학생들에게 '불확실한 미래'를 강요하게 될 것이다.

변화의 조짐과 제도적 과제

교육과 입시 사이의 간극을 메우기 위한 변화의 움직임은 아직 초기 단계에 머물러 있지만, 분명한 신호로 포착되고 있다. 특히 교육부는 2028학년도 대입제도 개편 방향을 예고하며, 정량 중심의 입시 시스템에서 벗어나 보다 정성적인 평가로의 전환을 시사했다. 고교학점제 전면 도입과 함께, 학생부종합전형의 확대, 과정 중심 평가, 서술형 평가 강화 등은 모두 학생의 '학습 과정'과 '성장 이야기'를 평가 체계에 반영하겠다는 의지의 표현이다.

이러한 변화는 기존의 주입식·암기식 교육에서 벗어나, 학생 개개인의 특성과 잠재력을 중시하는 방향으로의 전환을 의미한다. IB 교육의 철학과 구조는 이와 같은 변화의 흐름과 맞닿아 있다. IB에서 강조하는 포트폴리오 기반 평가, 루브릭을 활용한 수행평가, 학습자 중심 수업 설계는 단순히 지식의 양이 아닌, 지식의 활용과 성찰을 강조한다. 이는 교육의 질적 전환을 추구하는 현재 한국 교육의 방향성을 같이한다.

학년도	주요 변화	세부 변화
2020	2015 개정 교육과정 적용	고1부터 적용 시작 창의융합형 인재 양성 강조
2021	대입 공정성 강화안 시행	정시 비중 확대(서울 주요 대학 40% 이상)- 블라인드 면접 확대
2022	고교학점제 연구학교 운영	일부 고교에서 교과 선택권 확대 실험-학 생 맞춤형 교육 강화
	수능 선택과목제 본격 시행	국어·수학 선택과목제 도입(예: 확통 vs 미적분) 과목 간 유불리 논란 발생
2023	IB 프로그램 도입 확대	경기·대구·세종 등 일부 시·도교육청 주 도 도입 공교육 내 IB 학교 증가 시작
2024	고교학점제 시범운행 확대	전체 고교의 25% 이상에서 시범 운영-학 생 맞춤형 학습 강화
	정성평가 강화 신호	서류형·종합형 전형 확대 논의-IB처럼 서 술형·포트폴리오 중심 평가 실험 확대

학년도	주요 변화	세부 변화
2025	고교학점제 전면 도입	전국 일반계 고교에서 학점 이수제 전면 시행-성취평가제 기반 내신
	2022 개정 교육과정 적용	교육과정 개편에 따른 수능 및 내신 평가 방식 변화
2026	2028학년도 대입 전형 시행계획 발표	고교학점제에 맞는 평가 기준, 정시/수시 통합 가능성 논의
2027	IB 성적 반영 대학 증가 예상	IB 도입 학교의 졸업생 증가로 대학의 수용도 증가 예상
2028	고교학점제 기반 첫 입시	내신 평가체계 변화 반영-정량보다 정성[2) 중심 대입체계 실현 가능성 높음

IB 교육 도입을 통해 학업 성취도와 대학 진학률 모두에서 우수한 성과를 거두며 공교육 혁신으로 주목받고 있는 사례가 있다.

제주 표선고등학교는 2021년 제주 유일의 IB 월드스쿨로 인증을 받은 후, 2024년 첫 IB 디플로마 프로그램(DP) 졸업생을 배출했다. 총 26명의 응시자 전원이 IB 디플로마 또는 과목별 이수증을 취득하였으며, 평균 점수는 전 세계 평균과 비슷한 29점을 기록했다. 이 중 5명은 30점 이상을 획득해 기대 이상의 성과를 올렸다.

입시에서도 뛰어난 결과를 보여주었다. 서울대, 연세대, 고려대, 성균관대, 한양대, 한국외대 등 국내 상위권 대학에 10여 명이 수시 전형으로 합격하였으며, 울산과학기술원(UNIST)과 대

2) 정성평가: 숫자로 표현하기 어려운 태도, 행동, 협업 능력 등 질적인 요소를 주관적인 관찰과 판단으로 평가하는 방법이다. 수행평가에서 잠재력이나 업무 태도 등을 고려할 때 사용된다.

구경북과학기술원(DGIST) 등 이공계 특성화 대학에서도 합격자가 나왔다. 해외 유수 대학에 진학한 사례도 나와 개교 이래 최고의 대입 실적을 기록했다.

표선고는 2009년 일반계 고등학교로 전환한 이후, IB 교육을 통해 토론 중심 수업, 탐구 기반 학습, 비판적 사고와 창의성을 키우는 혁신적인 교육을 실천하고 있다. 임영구 교장은 "읍면 지역의 공립 일반고에서 전교생을 대상으로 IB 월드스쿨을 실현한 것은 매우 도전적인 시도였으며, 이번 성과는 공교육 혁신의 지속 가능한 모델이 될 것"이라고 밝혔다.

한편, 대구광역시교육청은 이러한 가능성을 조기에 감지하고 2020년부터 '한국형 IB 시범학교'를 운영하고 있다. 2023년 기준으로 대구시에는 초・중・고 10여 곳에서 IB 교육과정이 운영되고 있으며, 그중 일부 학교에서는 수시 전형에서 의미 있는 성과를 거두고 있다. 특히 대구 경북대학교 사범대학 부설고등학교는 수업 혁신과 학생 중심 평가에서 두각을 나타내며, 여러 교육 연구자들의 주목을 받기도 했다. 해당 학교의 한 교사는 "기존 내신 중심 수업과는 전혀 다른 차원의 교육이 가능해졌다"며, "학생들이 진지하게 스스로를 돌아보고 표현하는 법을 배우는 과정 자체가 교육의 본질을 되살리는 느낌"이라고 평가했다.

이러한 실험은 지역 교육청을 넘어 국가 정책 차원에서도 이어지고 있다. 2022년 교육부는 '한국형 IB'를 개발하겠다고 공식 발표하며, 해외 IB 프로그램을 국내 교육 여건에 맞춰 재구성하겠다는 의지를 드러냈다. 이 프로그램은 영어가 아닌 한국어로 수업을 진행하며, 평가 기준과 콘텐츠도 한국의 교육과정을 기반으로 조율된다. 교육부 관계자는 "IB는 단순히 외국에서 수입된 프로그램이 아니라, 우리 교육이 추구해야 할 미래형 학습의 한 모델"이라며, "한국형 IB는 공교육 혁신의 촉진제가 될 수 있다"고 밝혔다.

이와 관련해 2024년 초 발표된 서울시교육청의 '서울형 고교학점제' 시범학교 운영 계획도 주목할 만하다. 이 계획에 따르면, 학생은 자신의 진로에 따라 과목을 선택하고, 이를 기반으로 개별화된 수업을 들을 수 있도록 하는 구조다. 이는 기존의 단일화된 교육 체계를 벗어나, 각 학생의 다양성과 선택을 인정하겠다는 교육적 전환을 의미한다. 서울의 한 시범학교 교사는 "학생들이 스스로 배우고 싶은 것을 찾고, 평가를 넘어 진짜 학습을 하게 되는 과정이 가능해졌다"며 "입시 중심에서 수업 중심으로 교육의 무게 추가 이동하고 있다"고 진단했다.

고교학점제의 선구자이기도 한 민사고 박하식 교장은 새로 개발하는 KMLA 교육과정을 통해 민사고 학생들을 국내만이 아닌 세계적인 경쟁력을 갖춘 인재로 육성하고자 한다고 밝혔다. 박 교장은 "민사고의 교육 목표에 맞는 학업과 활동을 성공적으로 이수한 학생들에게 K-디플로마를 수여해 졸업생들이 민족혼을 지닌 미래의 글로벌 리더로서의 역량을 갖추었음을 학교가 보상하는 제도"라고 설명했다.

물론 이러한 변화에는 넘어야 할 과제도 여전하다. 가장 큰 문제는 대학 입시의 평가 체계가 아직도 정량 중심이라는 점이다. 수능과 내신, 생활기록부 기록이 여전히 정형화된 틀 안에 묶여 있으며, 다양한 평가 방식이 반영되기에는 시스템과 인식 모두 미비하다. IB 프로그램이나 고교학점제의 취지를 살리기 위해서는, 대학의 학생부종합전형 개편과 함께 학생의 학습 과정을 온전히 반영할 수 있는 평가 체계의 마련이 시급하다.

대학 입시에서 IB 성적 반영 대학이 확대된다면 IB 성적 중 외부 평가(External Assessment) 성적이 가장 중요한 요소로 반영될 것으로 보인다. 이는 대학들이 지원자의 학업 역량과 수학 능력을 객관적으로 판단하는 주요 기준이 되기 때문이다. 이와 함께 Extended Essay(EE)와 Theory of Knowledge(TOK)는 지원 전공과의 연계성, 학문적 탐구력, 논리적 사고력을 보여줄 수 있어 자기소개서(KAIST 등)나 면접 등 정성 평가에서 중요한 역할을 한다. 반면 CAS는 봉사 및 리더십 활동을 보여주는 보조 요소로 활용되며, 입시에서의 직접적인 영향력은 상대적으로 낮을 것으로 예상된다.

대학 입시 평가 체계 변화뿐만 아니라 교사들의 역량 강화와 행정적 지원도 필수적이다. 루브릭 기반의 서술형 평가나 프로젝트 수업은 단순한 지식 전달보다 더 많은 시간과 노력이 필요하며, 교사의 전문성과 재량권이 전제되어야 한다. 하지만 현재 교사들은 여전히 과중한 행정업무와 정형화된 평가 시스템에 얽매여 있어, 새로운 수업을 시도하기 어렵다는 지적도 많다. 따라서 이러한 변화를 제도적으로 뒷받침할 수 있는 인력 확충과 업무 조정, 연수 체계 마련 등이 함께 이뤄져야 한다.

결국 지금의 변화는 단순한 교육 정책의 조정이 아니라, 한국 교육의 패러다임 전환을 위한 기로에 놓여 있다. 학생의 삶을 중심에 두고, 교육이 진정한 배움의 장이 되도록 만들기 위해서는 입시를 포함한 전반적 교육 체계의 재구성이 필요하다. IB는 그 변화의 시작을 보여주는 '거울'일 뿐, 진정한 변화는 우리 스스로의 교육 철학을 재정립하는 데서 출발해야 한다.

우리는 어디로 가야 하는가

결국 핵심은 교육과 입시의 방향성을 정렬하는 일이다. 지금까지는 입시의 요구에 맞춰 교육이 변형되어 왔다면, 이제는 '교육이 바라는 인간상'에 맞춰 입시를 재설계해야 할 시점이다. 이는 단지 평가 방식의 기술적 조정이 아니라, 교육의 목적과 철학에 대한 사회적 합의를 요구하는 근본적인 전환이다. 그리고 그 전환의 거울이자 촉매로 기능할 수 있는 모델 중 하나가 바로 IB 교육이다.

IB는 비판적 사고, 자기주도 학습, 세계시민 의식 등 미래 교육에서 핵심으로 요구되는 역량을 구조화된 커리큘럼 속에서 실현해 내고 있다. 2023년 대구시교육청이 발표한 'IB 수업 혁신 사례집'에 따르면, IB 수업을 운영 중인 고등학교에서는 토론식 수업과 탐구 기반 프로젝트가 수업의 중심을 이루고 있으며, 학생들은 이를 통해 단순한 지식 습득을 넘어 스스로 질문을 만들고 해답을 찾아가는 주체로 변화하고 있다. 이는 우리 교육이 오래도록 간과해 온 '학생 중심 교육'의 실제 구현 사례로 볼 수 있다.

서울의 한 공립 중학교에서는 수학 시간에 '도시 문제 해결'을 주제로 수업이 진행됐다. 학생들은 자신이 사는 지역의 교통 혼잡 문제를 주제로 조사하고, 수학적 분석을 통해 대안 설계를 도출한 뒤, 이를 프레젠테이션으로 발표했다. 이 수업을 설계한 교사는 "시험 대비 문제풀이보다 시간은 더 걸리지만, 학생들의 몰입도는 비교가 안 된다"며 "지금의 교육은 문제를 푸는 능력보다는 문제를 정의하는 능력을 길러야 한다"고 말했다.

이러한 움직임은 단지 일부 교사의 실천에 그치지 않는다. 교육부는 2022년 이후 '미래형 교육과정 개편'을 통해 교육과정에서 강조하는 역량 중심, 과정 중심 교육의 중요성을 재확인했고, 이는 2028학년도 대학입시 개편안에도 반영될 예정이다. 2024년 초 공개된 대입제도 개편안에 따르면, 생활기록부와 학생부종합전형의 비중은 더욱 확대되고, 수능도 선택과목 중심으로 개편되어 학생의 진로와 연계한 학습 경험이 중요해질 전망이다.

하지만 여전히 입시와 교육의 간극을 실질적으로 좁히기 위한 구조적 개편은 갈 길이 멀다. 예컨대, IB 교육과정을 이수한 학생이 국내 대학에서 그 역량을 온전히 인정받지 못하는 문제는 여전히 해결되지 않고 있다. 앞서 소개된 대구 경북대사대부고 학생 사례처럼, 국제적으로 높은 성과를 거두고도 국내 대학입시에서는 불리하게 평가받는 현실은, 입시가 여전히 '다양한 배움의 방식'을 수용할 준비가 부족함을 보여준다.

또한 교사들의 수업 설계 및 평가 자율성을 제약하는 제도적 한계도 여전하다. 평가 방식의 전환을 위해서는 교사 개개인의 전문성이 중요한데, 현장에서는 루브릭 평가[3]나 수행평가에 대

3) 루브릭: 학습자가 과제를 수행할 때 평가 기준과 수준을 명확히 제시한 평가 도구로, 항목별 · 수준별 표 형태로 구성되어 각 수준에 해당하는 특성을 상세히 기술한다. 수행 과정과 결과를 구체적으로 평가하고, 학습자와 평가자가 공통의 기준으로 평가할 수 있게 돕는다.

한 명확한 가이드라인과 연수 체계가 여전히 미비하다. 또한 "평가의 질적 전환의 필요성에는 공감하지만, 행정과 업무 부담으로 인해 실제 수업에 연구하고 적용하기에는 시간적으로 어려움이 많다"는 현직 교사들의 목소리가 있었다.

이러한 현실 속에서도 전국 곳곳의 교사들은 학생들의 진정한 배움을 위해 다양한 실험을 이어가고 있다. 강원도의 한 일반고 교사는 매 수업마다 학생 개별 피드백을 작성해 생활기록부에 반영하고 있으며, 경기 남부의 한 고등학교는 '학생 자기소개서 프로젝트'를 통해 자신의 학습 이야기를 주도적으로 구성하고 발표하는 시간을 마련하고 있다. 이 모든 움직임은 결국 "교육이 입시에 끌려가지 않도록" 하는 방향으로 향하고 있다.

이제 남은 것은 구조적 개편과 사회적 합의다. 대학 입시가 교육의 결과물이 아니라, 교육의 일부로 기능하도록 해야 한다. 이를 위해선 대학의 평가 방식도 진화해야 한다. 정답이 아닌 서사, 양이 아닌 과정, 일률적 기준이 아닌 다양성을 수용하는 입시가 되어야 한다. 그리고 이를 뒷받침할 사회적 논의와 합의가 필요하다.

궁극적으로, 우리가 던져야 할 질문은 하나다. "우리는 우리 아이를 어떤 인간으로 키우고 싶은가?" 이 질문에 사회 전체가 진지하게 답할 수 있어야, 교육과 입시 사이의 괴리는 비로소 메워질 수 있다.

IB 교육을 경험한 교사들은 말한다. "단순히 정답을 맞히는 아이가 아니라, 질문을 던질 줄 아는 아이를 키우고 싶습니다." "학생이 자기 생각을 글로 표현하고, 타인의 입장을 이해하려 노력하는 모습을 보며 교육의 희망을 느낍니다."

IB 교육을 겪은 학생들도 말한다. "처음엔 익숙하지 않았지만, 이제는 제 생각을 스스로 정리하고 말할 수 있어요." "점수를 위해 공부하던 예전과 달리, 지금은 배우는 게 재미있어요."

이처럼 교사와 학생의 변화는 교육 본연의 힘을 증명한다. 그 순간부터 교육은 다시, 아이들의 삶에 생기를 불어넣는 '성장'의 여정이 될 수 있다. 그리고 우리는 마침내, 입시를 넘어 인간을 키우는 교육의 길 위에 설 수 있을 것이다.

CHAPTER

02 서울대 입시의 변화와 배움의 전환점

입시는 변화를 요구했고,
학교는 그 요구에 수업으로 답해야 했다.

1. 서울대 입시 개편안과 IB 교육과정의 만남: 왜 주목받는가?

서울대의 2028 대입 개편안을 이해하기 위한 핵심 열쇠는 '학교(學校)'와 '학생(學生)'의 본질에 있다고 볼 수 있다. 우리는 흔히 학습(學習)을 단순히 '배우고 익히는 과정'으로 생각하기 쉽다.

그러나 학습의 '학(學)'이 갖는 진정한 의미는 이보다 더 깊고 포괄적이다. 이는 한 개인이 새로운 지식이나 가치를 만나 이해하는 것에서 시작하여, 지속적인 실천과 경험을 통해 그것이 자연스럽게 그 사람의 일부가 되어, 특별한 의식적 노력 없이도 자연스럽게 드러나게 되는 전인적 성장 과정을 의미한다.

이러한 깊은 '학(學)'의 의미를 이해할 때 비로소 '학교(學校)'와 '학생(學生)'이 지니는 참된 의미를 온전히 파악할 수 있으며, 이러한 교육 철학적 기반 위에 서울대 입시 개편이 설계되었음을 알 수 있다.

2028 서울대학교의 창의융합인재 선발

서울대학교는 미래 사회가 요구하는 창의적 융합 인재를 선발하기 위해 2028학년도 대학 입학전형 개편안을 발표하였다. 이 개편안의 핵심은 고교 교육과정에서 육성된 역량을 대학 선발에 적극 반영하는 것으로, 특히 깊이 있는 학습과 교과 간 통합, 삶과 연계된 학습, 학습 과정에 대한 성찰 등을 강조한 2022 개정 교육과정의 취지를 구현하려는 노력이다.

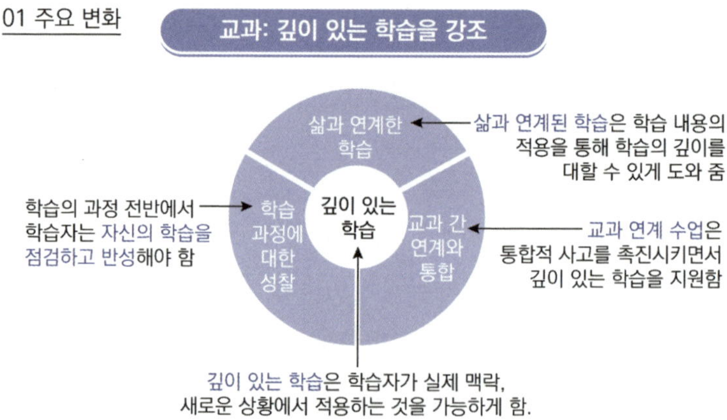

2022 개정 중학교 역사 교육과정 연수 자료-교육부

서울대는 이를 통해 단순한 지식 암기력보다 종합적 사고력, 창의적인 탐구력, 협력과 공감의 공동체 의식을 갖춘 학생을 찾고자 한다.

한편, 국제 바칼로레아(IB) 교육과정은 이러한 미래 인재상의 모형으로 주목받고 있다. IB 프로그램은 초등(PYP) · 중등(MYP) · 고등(DP)에 걸쳐 학생 중심의 탐구와 토론, 개별 구술과 논술형

에세이, 탐구보고서 등의 수행과제를 통해 전인적 역량을 기르는 교육철학을 실현해 왔다.

IB가 지향하는 학습자상은 열 가지로 요약되는데, 탐구하는(inquirers) 자세와 폭넓은 지식(knowledgeable), 비판적으로 사고하는(thinkers) 능력, 효과적 의사소통(communicators) 능력, 원칙을 지키는(principled) 태도, 열린 마음(open-minded), 남을 배려하는(caring) 자세, 도전하는(risk-takers) 정신, 균형잡힌(balanced) 발전, 숙고하고 성찰하는(reflective) 태도를 모두 포괄한다. 이는 곧 IB가 지식・사고력・소통능력과 더불어 윤리의식과 공동체 의식까지 아우르는 전인교육을 목표로 함을 보여준다.

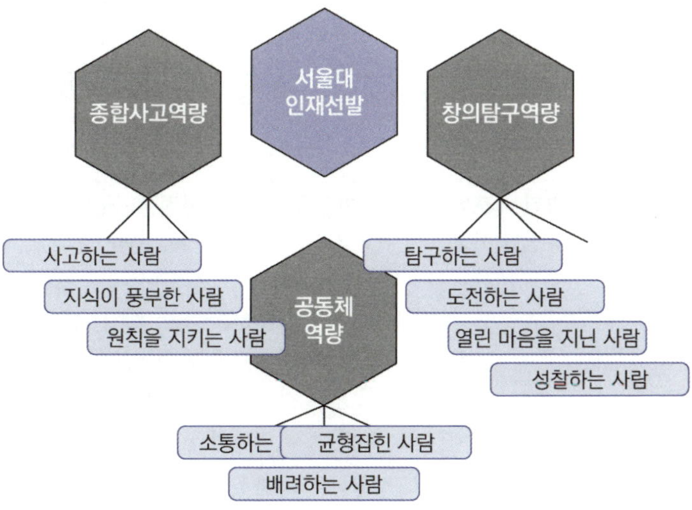

서울대 인재선발 평가역량과 IB 인재상의 연계

놀랍게도 이러한 IB 학습자상의 지향점은 서울대학교가 찾는 인재상과 맥을 같이한다. 실제로 서울대 학생부종합전형 가이드에서도 "학교 교육과정을 성실히 이수하고 학업역량이 우수"하며, "학교생활에서 적극적이고 진취적인 태도"를 보이고, "글로벌 리더로 성장할 수 있는 자질"과 "사회적 약자에 대한 배려심과 공동체 의식"을 갖춘 학생을 선호한다고 밝히고 있다. 즉 서울대가 지향하는 미래형 인재상은 IB 교육과정이 추구하는 이상적인 학습자상과 본질적으로 유사하다고 볼 수 있다.

서울대 평가역량	세부 평가내용	연계되는 IB 인재상	IB 인재상 핵심 역량
종합사고 역량	깊이 있는 지식 종합	지식이 풍부한 사람	개념적 이해를 통한 성장 지향, 다양한 학문 지식 탐구
	분석적 · 비판적 사고력	사고하는 사람	비판적 · 창의적 사고력으로 복잡한 문제 분석, 책임 있는 행동
	판단력	원칙을 지키는 사람	공정성과 정의감 바탕의 인간 존엄성 존중, 책임감 있는 의사결정
창의탐구 역량	열린 태도와 유연한 사고	열린 마음을 지닌 사람	다양한 관점 추구, 타인의 가치관과 전통 수용
	호기심 기반 지식 연계 · 확장	탐구하는 사람	호기심을 키워 탐구하고 연구하는 능력 향상, 독립적 · 협력적 학습
	자기주도적 탐구방법 수립	도전하는 사람	불확실성에 도전, 새로운 아이디어와 혁신적 전략 모색
	문제해결 능력	성찰하는 사람	자신의 강점과 약점 이해, 개인 학습과 성장 추구
공동체 역량	타인에 대한 존중	배려하는 사람	서로 공감하고 격려하며 존중, 타인과 지역사회에 긍정적 변화 도모

서울대 평가역량	세부 평가내용	연계되는 IB 인재상	IB 인재상 핵심 역량
	공정한 가치관	원칙을 지키는 사람	인간 존엄성 및 권리 존중, 성실하고 정직한 행동
	윤리적 태도	균형 잡힌 사람	삶의 지적 · 물리적 · 정서적 균형 추구, 상호의존성 인식
	소통 · 공감 능력	소통하는 사람	창의적 자기표현, 타인 의견 경청, 효과적 협력

서울대 2028 대입 개편안으로 보는 배움의 전환점에서는 서울대학교가 강조하는 역량과 IB 디플로마 프로그램(DP)의 교육 철학 및 핵심 요소(TOK, EE, CAS 등) 간의 연계성을 심층적으로 논의하려 한다.

먼저 현재 대입 환경과 고교교육의 변화 속에서 문제 상황을 짚어보고, 이어서 제주 표선고등학교 등 IB 운영학교의 사례를 통해 실제 IB 이수자의 대입 성과를 살펴본다. 그런 다음 분석 단락에서 서울대 전형의 평가요소와 IB 교육과정 요소를 비교하여 그 접점과 시사점을 도출하고, 마지막으로 한국 교육환경에 IB 방식을 접목한 한국형 IB(K-IB) 도입의 방향성과 필요성에 대해 제언하고자 한다.

역량 중심 선발, 왜 고교 교육의 혁신이 필요한가?

2025학년도부터 고교 학점제가 전면 시행되고 2022 개정 교육과정이 도입됨에 따라, 대학 입시에서도 교과 성취뿐 아니라 학생의 주도적 학습경험과 역량을 평가하려는 움직임이 본격화되었다.

서울대학교 2028학년도 입학전형 개편안은 이러한 흐름 속에서 학생부종합전형(서류평가)의 평가체계를 개편하여, 학생의 분석적·비판적 사고력과 판단력(종합적 사고역량), 창의적 지식 탐구능력(창의탐구역량), 협력 소통과 공감 능력(공동체역량)을 중심으로 삼겠다고 밝혔다.

이는 기존의 수능과 내신 성적으로 대표되던 지필 위주 평가에서 탈피하여, 학습과 성장의 과정 자체를 들여다보겠다는 선언으로 볼 수 있다. 그러나 이러한 역량 중심 선발이 안착하기 위해서는 중등 교육 현장에서 해당 역량을 어떻게 길러낼 것인가라는 과제가 뒤따른다. 다시 말해, 대학이 찾고자 하는 창의·융합형 인재를 실제로 육성할 교육과정의 혁신이 병행되어야 하는 것이다.

이 지점에서 IB 교육과정이 중요한 시사점을 제공한다. IB DP는 이미 수십 년간 전 세계에서 탐구 기반 학습과 통합 교과를 실천해 온 프로그램으로, 암기와 객관식 시험 위주의 교육에 대한 대안으로 각광받아 왔다. IB는 수업 방식부터 평가 방식까지 학생 중심의 사고력 훈련에 초점을 맞춘다.

예컨대, 전통적인 국내 교육이 교사의 판서식 일방향 강의와 지필고사 중심 평가에 익숙한 반면, IB 교육은 개념 중심 수업 후 학생이 스스로 주제를 선정하여 자료 수집부터 결론 도출까지 연구하고, 학습 성과를 에세이, 프레젠테이션 등의 형태로 발표하도록 설계되어 있다. 이러한 논술형·탐구형 학습은 학생의 창의성과 비판적 사고를 촉진하지만, 한편으로는 한국의 기존 입시체계와의 접합에 대한 우려도 존재했다.

특히 IB DP 과정은 고등학교 2~3학년 동안 국제 평가로 진행되기 때문에 수능 대비가 사실상 어려우며, 학교 내신도 고1 과정만 등급제로 산출된다. 다시 말해 IB DP 이수자는 고교 후반 2년간의 국내식 내신 성적이나 수능성적을 갖고 있지 않아서, 대입 지원 시 수능 최저학력 기준이 없는 학생부종합전형 위주로 지원할 수밖에 없다.

그러나 학생부종합전형에서도 아직 IB 학생을 위한 별도의 전형이 마련되어 있지 않았으며 자기소개서가 폐지된 현 입시체계에서 IB 이수자들은 자신의 학업역량과 활동을 충분히 어필하기 힘들다. 이러한 상황은 IB 교육과정이 한국 대입에서 과연 경쟁력이 있을까라는 의문으로 이어졌다. 다시 말해 대입 제도와 교육과정 간 미스매치가 발생하지 않을지, IB를 이수한 학생들이 혹시 불이익을 받지는 않을지 하는 문제 제기가 있었던 것이다.

다행히도 최근의 동향은 고무적이다. 서울대 등 주요 대학이 역량 중심 평가를 강화함에 따라 IB 학생들이 지닌 탐구역량과 종합적 사고력, 국제적 소양이 오히려 빛을 발할 수 있는 무대가 형성되고 있다.

교육부 또한 "지난해 대입에서 IB를 이수한 학생들이 학생부종합전형으로 좋은 대학에 진학했고 입시 결과도 결코 나쁘지 않았다"며 "입시제도와 잘 연계되는 방안을 강구해야 한다"는 점에 공감한다고 밝힌 바 있다.

이는 곧 IB 교육과정과 국내 대입전형의 접점을 찾아 제도적으로 연계하려는 움직임이 시작되었음을 시사한다. 즉 문제는 단순히 IB와 한국 입시의 부조화가 아니라, 어떻게 이 둘의 시너지를 최대화하여 미래형 인재 양성과 선발에 활용할 것인가로 전환되고 있다.

제주 표선고 IB 교육 도입, 국내 교육에 던진 의미는 무엇인가?

이러한 논의를 구체적으로 살펴보기 위해, 국내 공교육에 IB DP를 최초로 도입한 제주 표선고등학교의 사례를 들 수 있다. 표선고는 제주도 서귀포시에 위치한 일반 공립고로, 2021년에 IB 월드스쿨 인증을 받고 국내 최초로 전 과정 한국어 IB DP 교육과정을 운영한 학교이다. IB를 도입한 배경에는 제주도교육청의 교육 혁신 실험이 있었고, 학생들은 고2~고3학년 동안 IB DP 과정을 이수하며 TOK, EE, CAS를 모두 수행하였다. 2023년 11월, 표선고의 1기 IB DP 학생들이 외부 평가(IB 최종시험)를 치렀고 이듬해 대학 입시에서 본격적인 성과를 내기 시작했다.

표선고 IB 1기 졸업생들의 2024학년도 대입 결과는 많은 이들의 예상을 뛰어넘는 성공을 거두었다. 소수 정예로 IB 과정을 이수한 학생들 중에서 서울대학교 1명, 연세대학교 1명, 고려대학교 1명을 비롯하여 UNIST 2명, DGIST 2명, 성균관대학교 2명 등 국내 최상위권 대학들에 다수 합격생을 배출한 것이다.

2024년도 입결

서울대학교(1명) 고려대학교(1명)
고려대학교(세종캠퍼스)(1명) 연세대학교(1명)
경희대학교(2명) 중앙대학교(2명)
중앙대학교(다빈치캠퍼스)(1명)
이화여자대학교(1명) 한국외국어대학교(1명)
한국외국어대학교(글로벌캠퍼스)(2명)
UNIST(2명) DGIST(2명)
성신여자대학교(1명) 건국대학교(1명)
광운대학교(2명) 국민대학교(3명)
세종대학교(2명) 숭실대학교(3명)
아주대학교(1명) 인하대학교(2명)
서경대학교(1명) 성공회대학교(2명)
동국대학교(1명) 상명대학교(1명)
단국대학교(1명) 인천대학교(4명)
가천대학교(2명) 가톨릭대학교(1명)
삼육대학교(1명)

2025년도 입결

서울대학교(1명) 고려대학교(1명)
연세대학교(2명) 연세대학교(미래캠퍼스)(1명)
성균관대학교(4명) 서강대학교(1명)
이화여자대학교(2명) 중앙대학교(1명)
경희대학교(1명) 한국외국어대학교(1명)
KAIST(1명) UNIST(3명)
GIST(1명) DGIST(3명)
한성대학교(1명) 홍익대학교(2명)
숙명여자대학교(1명) 숭실대학교(2명)
국민대학교(2명) 광운대학교(2명)
세종대학교(1명) 건국대학교(3명)

동국대학교(2명)	인하대학교(4명)
단국대학교(1명)	단국대학교(천안캠퍼스)(1명)
경인교육대학교(1명)	부산교육대학교(1명)
청주교육대학교(1명)	

이듬해인 2025학년도 입시 결과도 뛰어났는데, 서울대 1명 합격을 다시 달성하고, KAIST 1명, 고려대 2명, 연세대 2명, UNIST 3명, GIST 1명 등 이공계 최우수 대학들과 주요 종합대에 합격자가 고르게 나왔다. 특히 성균관대 4명, 한양대 1명, 서강대 1명 등 수도권 주요 대학에서도 IB 이수자들이 두각을 나타냈다. 이는 제주 지역의 작은 일반고교에서, 그것도 수능 대비를 포기하고 IB를 택한 학생들이 거둔 성과라는 점에서 큰 의미를 지닌다.

학교 관계자들은 "IB 교육과정에 대한 정성평가로 인해 입시 결과가 좋았다"고 평가했는데, 실제로 표선고 학생들은 수능 최저학력 기준이 없는 학생부종합전형 등에 집중 지원하여 자신들의 탐구 프로젝트와 봉사활동, 에세이 성과 등을 서류평가에서 충분히 인정받은 것으로 보인다.

이로써 IB 교육과정이 최상위권 대학의 진학에도 경쟁력이 있음이 입증되었다. 표선고 사례를 통해 얻은 중요한 시사점은, IB 이수자들이 국내 학생부종합전형에서 충분한 경쟁력을 갖춘다는 것이다. 앞서 언급한대로 별도의 IB 전형 없이도 표선고 학생들이 거둔 성과는 이를 방증한다.

또한 표선고 사례는 학부모와 학생들의 IB 선호도 증가로도 이어지고 있다. IB 1기생들의 성공에 힘입어, 표선고의 신입생 지원 경쟁률은 크게 상승하였다. 2024학년도에 표선고 입학을 위한 경쟁이 치열해져 정원 125명에 170여 명이 지원하고 수십 명이 탈락할 정도로 지역 내 명문고로 부상하고 있다는 소식이 전해졌다. 이는 IB 프로그램이 공교육 내에서 성과를 내자 지역사회에서 큰 호응을 보인 예로, "IB 월드스쿨" 표선고의 초기 성공이 다른 시・도교육청으로도 주목받는 계기가 되었다.

현재 대구, 경기, 부산 등지의 교육청에서도 IB 프로그램 도입을 추진하거나 시범 운영을 시작하여, IB 운영학교 사례는 제주를 넘어 전국적으로 확대되는 추세다. 요컨대, 표선고 사례는 IB 교육과정이 국내 공교육 체제와 대입에서 성공적으로 정착할 수 있음을 보여주는 선례가 되었으며, 이는 서울대 등 대학의 인재 선발 방향과도 합치됨을 시사한다.

서울대가 강조하는 세 가지 역량, IB 교육과 정확히 어떻게 연결되는가?

앞서 살펴본 배경과 사례를 토대로, 서울대 2028학년도 전형 개편안의 평가역량과 IB DP의 교육철학 및 프로그램 요소를 보다 체계적으로 비교・분석할 필요가 있다. 서울대는 미래 인재를 선발하기 위한 평가요소로 종합적 사고역량, 창의탐구역량, 공동체역량을 제시하였다. 우연인지 필연인지, IB 디플로마의 3대 핵심 요소인 T9K(Theory of Knowledge), EE(Extended Essay), CAS(Creativity, Activity, Service)는 각각 이 세 가지 역량과 긴밀히 연결된다. 아래에서는 서울대 전형의 평가역량별로 IB 프로그램이 어떻게 해당 역량을 함양하는지 살펴본다.

종합적 사고역량 ↔ TOK(지식의 이론)

서울대가 말하는 종합적 사고역량이란 깊이 있고 폭넓은 지식을 바탕으로 분석적·비판적 사고력 및 판단력을 발휘하는 능력이라 할 수 있다. 이는 단순 암기한 지식을 재현하는 수준을 넘어서, 여러 분야의 지식을 연계하고 통합하여 새로운 시각으로 문제를 이해하고 해결하는 사고력을 의미한다. IB 디플로마의 TOK(지식의 이론) 과목은 이러한 종합적 사고를 집중적으로 훈련하는 과정이다. TOK에서는 학생들이 지식의 본성과 한계를 철학적으로 성찰하고, 다양한 학문 분야의 관점들을 연결 지어 지식 그 자체에 대한 비판적 사고를 배운다.

예를 들어 TOK 수업과정에서는 윤리, 예술, 과학, 역사 등의 여러 주제를 놓고 "우리는 어떻게 알게 되는가?"를 질문하며 교차적·메타인지적 사고를 확장시킨다. 학생들은 TOK 과제로 최대 1600단어의 에세이와 10분 분량의 구술 발표를 수행해야 하는데, 이 평가과정 자체가 다양한 개념을 종합적으로 이해하고 논증하는 능력을 요구한다. 서울대는 학생부종합전형 서류평가와 면접에서 제시문 분석, 교과 간 융합적 질문 등을 통해 이러한 종합사고역량을 평가한다고 밝히고 있다. 따라서 TOK를 이수한 IB 학생들은 비판적 사고와 지식 통합 능력이 길러져 있어, 대학이 요구하는 종합적 사고역량을 입증하는 데 유리하다. 다시 말해, IB의 TOK가 서울대식 사고력 평가의 이상적인 훈련장 역할을 하는 셈이다.

창의탐구역량 ↔ EE(확장 에세이)

창의탐구역량은 새로운 가치를 창출하기 위한 창의적 사고와 지식 탐구 능력, 자기주도적 학습능력을 포함하는 개념이다. 이는 학생이 주어진 교과 지식을 넘어서서 스스로 문제를 설정하고 탐색하며 해결해 나가는 연구능력과도 통한다. IB DP의 EE(Extended Essay)는 바로 이러한 자기주도적 탐구역량을 극대화하는 프로그램이다. EE는 학생이 IB 6개 과목 영역 가운데 하나를 선택해 개인적 흥미 주제에 대한 연구를 설계하고 수행한 후 4,000단어 분량의 학술 에세이를 작성하는 과제이다. 학생들은 주제 선정부터 자료 수집, 실험이나 분석, 결론 도출까지 전 과정을 지도교사의 멘토링 아래 자율적으로 진행하며, 학문적 글쓰기 형식에 맞춰 결과를 제출한다. EE 과정을 통해 학생들은 한계를 설정하고 가설을 검증하는 연구기획 능력, 창의적 사고를 통한 문제해결, 논리적 글쓰기와 추론 능력을 두루 익히게 된다.

이는 고교 수준을 넘는 작은 논문(소논문)을 써 보는 경험으로서, 대학 학업에 필수적인 학술적 탐구 역량을 선행 체험하는 것이다. 서울대는 2028 전형안에서 "학생의 진로・적성에 따른 과목 선택 이수 내용과 학업 활동의 깊이"를 서류평가에서 고려하겠다고 했는데, IB 학생들의 EE 수행 경험은 바로 자신이 관심 분야에서 깊이 있는 탐구 경험을 갖추었음을 보여주는 강력한 증거가 된다.

특히 우리나라 일반 고교에서는 소논문이나 장기 연구과제를 체계적으로 수행할 기회가 매우 제한적이다. 대부분의 일반 학교에서는 단기 프로젝트 중심의 수행평가나 단순 조사 보고서 수준의 과제가 일반적이기 때문에, 학생들이 특정 주제를 깊이 탐구하거나 장기간 연구를 지속할 환경과 지원이 부족하다. 더욱이 교과별 담당 교사가 학생의 개별 연구를 지도하거나 멘토링할 시간과 여력 또한 충분하지 않은 경우가 많다.

반면 IB 디플로마의 EE는 학생들이 고등학교 단계에서 경험하기 어려운 본격적인 연구 활동이다. 학생들은 자신의 관심 분야에서 스스로 연구 주제를 선정하고, 약 1년에 걸쳐 자료조사, 연구 방법 설계, 자료 분석 및 해석, 논리적 결론 도출까지 전 과정을 주도적으로 수행한다. 이 과정에서 지도 교사의 지속적인 멘토링과 중간 점검이 이루어져, 단순히 완성된 보고서를 제출하는 것에서 그치지 않고, 학술 연구의 전 과정을 실제로 경험할 수 있다.

예를 들어 일반고에서 '탐구활동'으로 수행되는 활동은 통상적으로 한두 달 내 완료되며 평가 자체도 교과별 등급 부여를 위한 일회성 과제로 여겨지곤 한다. 그러나 IB EE의 경우, 주제 선정부터 최종 논문 작성까지 오랜 기간 동안 치밀한 계획과 끈기, 자기 관리가 요구되는 만큼 탐구의 깊이와 질적 수준 자체가 다르다. 이를 통해 IB 학생들은 논리적 글쓰기 능력, 자기주도적 연구 역량, 장기 프로젝트 관리 능력 등 대학 학업에 필수적인 탐구 역량을 자연스럽게 길러내게 된다.

외국 IB DP EE 주제 예시

- 1950년대의 인쇄 문화에서 디지털화된 인스타그램 광고로 제품을 홍보하는 방식과 비교했을 때, 코카콜라 광고의 스타일은 어느 정도 바뀌었을까?
- 머신 러닝 알고리즘을 사용한 금융 거래 사기 감지 시스템의 개발
- 인지 행동 치료는 어린이와 청소년의 불안 장애를 치료하는 데 얼마나 효과적일까?

결국 탐구 기반 활동이 부족한 국내 일반 학교와 비교할 때, EE를 통해 학생들은 지속적이고 체계적인 탐구 경험과 성과를 갖게 되어 대학 입학 과정에서 창의적 탐구 역량을 구체적이고 설득력 있게 입증할 수 있는 강력한 경쟁력을 확보하게 된다.

그리고 2025 학교생활기록부 기재요령에 따르면 '수학과제 탐구, 사회문제 탐구, 융합과학 탐구, 과학과제 연구, 사회과제 연구, 윤리문제 탐구' 과목의 세부능력 및 특기사항 이외에는 '소논문'에 대한 기재가 불가한 상황이다. 앞의 6과목 또한 '소논문'의 제목, 연구 주제, 참여인원, 소요시간만을 기재할 수 있기에 IB DP의 EE는 차별성을 가진다고 볼 수 있다.

표준 가이드라인

- 학생의 영역별 활동에 대해 교사가 상시 관찰 및 평가한 누가기록을 바탕으로 구체적 활동 사실과 학생의 활동태도 및 노력에 의한 행동 변화와 성장 등을 기재함.
- 정규교육과정 이수과정에서 사교육 개입 없이 학교 내에서 학생 주도로 수행한 자율탐구활동*에 한하여 학생의 특기사항**만을 기재할 수 있음.

* 자율탐구활동: 학생들이 자율적으로 주제 선정부터 보고서 작성까지 전 과정을 수행하는 일련의 활동임.

** 예) 자료 수집 능력 및 분석능력 탁월, 주제 선정 시 진로와 사회문제 연결 노력 등

※ 창의적 체험활동상황에 자율탐구활동 학생활동 산출물(소논문 포함) 실적(제목, 연구 주제 및 참여인원, 소요시간)은 기재할 수 없음.

• 창의적 체험활동 중에 자율탐구활동을 기재할 경우 학교에서는 정규교육과정 중에 이루어진 활동임을 증빙하기 위한 자료를 보관해야 함.

〈증빙자료 예시〉 학교교육계획서, 학교장의 승인을 받은 각종 문서, 학생활동 산출물 등

표준 가이드라인

• 과목별 성취기준에 따른 성취수준의 특성 및 학습활동 참여도, 자기주도적 학습에 의한 변화와 성장 정도를 중심으로 기재함.
• 방과후 학교 활동은 기재하지 않음.
• 정규교육과정의 교과 성취기준에 따라 수업 중 연구보고서(소논문) 작성이 가능한 과목*은 특기할 만한 사항이 있는 과목 및 학생에 대하여 연구보고서(소논문) 실적(제목, 연구 주제 및 참여인원, 소요시간)을 제외하고 '세부능력 및 특기사항'을 기재할 수 있음.

* 연구보고서(소논문) 작성 가능 과목: 수학과제 탐구, 사회문제 탐구, 융합과학 탐구, 과학과제 연구, 사회과제 연구, 윤리문제 탐구

요컨대 IB의 EE는 서울대가 평가하고자 하는 창의적 탐구역량을 길러주는 산실이며, IB 이수자는 이러한 강점을 바탕으로 대학 입시에서 자기주도적 학습능력을 효과적으로 어필할 수 있다.

공동체역량 ↔ CAS(창의적 활동, 행동, 봉사)

공동체역량은 개인의 학습을 뛰어넘어 협력적 소통 능력, 사회적 책임의식, 타인에 대한 공감과 배려심 등을 포괄하는 역량이다. 서울대는 인재상에서 "사회적 약자에 대한 배려심과 공동체 의식"을 갖춘 학생을 강조하고 있으며, 대학 교육 역시 혼자 잘하는 인재보다 더불어 협업하고 리더십을 발휘하는 인재를 원하고 있다.

IB DP의 CAS 프로그램은 공동체역량을 함양하도록 설계된 핵심 요소이다. CAS는 Creativity(창의적 활동), Activity(신체 활동), Service(봉사 활동)의 세 영역에서 2년간 꾸준히 교과적인 활동을 수행하도록 요구한다. 구체적으로 IB 학생들은 2년간 매주 3~4시간을 CAS에 할애하여, 창의적 활동(예술, 동아리 등) 50시간, 신체 활동(스포츠 등) 50시간, 봉사 활동 50시간 이상을 실천하고 기록한다. 이를 통해 학생들은 학업 이외의 다양한 경험을 균형 있게 쌓고, 지역사회에 기여하며, 팀워크와 리더십, 문제해결, 자기성찰 등의 능력을 기르게 된다.

예를 들어 어떤 학생은 창의적 활동으로 학교 연극 동아리를 이끌고, 신체 활동으로 마라톤 대회에 도전하며, 봉사 활동으로 지역 복지관에서 꾸준히 봉사할 수 있다. 이 모든 과정을 CAS 저널 등에 기록하며 스스로 성장과정을 성찰(reflection)하는 것도 중요한 학습 요소이다.

이러한 IB의 CAS 경험은 대학이 보고자 하는 품성적 역량과 사회성의 증거가 된다. 학생부종합전형에서는 교내 활동뿐 아니라 리더십 발휘, 봉사 실적, 동아리 활동에서의 협력 사례 등을 종합적으로 평가한다. IB 이수 학생들은 CAS를 통해 단순 형식적 스펙이 아닌 진정성 있는 공동체 경험을 쌓았음을 증명할 수 있다. 특히 국내 교육환경에서 흔히 볼 수 있는 형식적인 봉사시간 채우기와 달리, IB CAS는 질적 성찰을 동반하기 때문에 대학에서는 이를 높이 평가할 가능성이 크다.

결론적으로 IB의 CAS는 공동체 의식과 협업 능력을 내면화하도록 돕는 프로그램이며, 이는 서울대가 바라는 공동체역량과 정확히 부합한다. IB 학생들은 CAS로 다져진 경험을 바탕으로 대학 면접이나 자기소개서에서 리더십, 협동심, 사회기여 의지를 생생하게 어필할 수 있고, 이것이 곧 경쟁력이 된다.

이상 살펴본 바와 같이, 서울대 2028 전형의 평가역량 세 가지는 IB DP의 핵심 구성 요소들과 일대일로 긴밀히 연계된다. 다시 정리하면, TOK는 종합적 사고역량(비판적・분석적 사고)을 키우고, EE는 창의탐구역량(자기주도 연구능력)을 증진하며, CAS는 공동체역량(협업 및 봉사정신)을 함양한다. 이뿐만 아니라 IB 학습자상의 열 가지 특성 역시 이러한 역량들의 밑바탕을 이룬다. IB 교육과정을 통해 길러진 학생들은 대체로 학업역량(knowledgeable)과 탐구심(inquirers)을 갖추고 있을 뿐 아니라, 소통능력(communicators)과 개방적 태도(open-minded)로 다양한 배경의 사람들과 협력할 준비가 되어 있으며, 성찰적(reflective) 태도로 자기 발전을 도모한다. 이러한 모습은 서울대가 지향하는 "글로벌 리더로 성장할 창의적 인재"의 상과 정확히 일치한다. 결국 IB를 이수한 학생은 서울대가 바라는 미래형 인재상을 자연스럽게 구현한 사례라 볼 수 있으며, 이는 표선고 사례에서 확인되었듯 대학 선발 과정에서 긍정적인 평가로 이어지고 있다. 서울대가 2028학년도부터 역량평가를 더욱 강화하기로 한 것은 IB와 같은 미래교육과정의 성과를 반영하려는 선도적 시도이며, 이는 고교 교육과 대학 평가의 선순환을 가져올 것으로 기대된다.

2. IB의 교육방식을 한국 공교육 전반에 확산시킨 모델 구축 필요성과 미래 교육의 방향

지금까지 논의한 바에 따르면, 서울대 2028 입학전형 개편안과 IB 교육과정은 지향점에서 높은 연계성을 지닌다. 이러한 연계성을 현실에서 더욱 공고히 하기 위해서는 교육정책 측면에서 몇 가지 보완과 발전적인 노력이 필요하다. 궁극적으로는 IB의 교육방식을 한국 공교육 전반에 확산시킨 모델 구축이 핵심 대안으로 부상한다. 이에 대한 구체적인 제언을 다음과 같이 정리한다.

IB 교육철학의 국내 공교육 확대

전국적으로 IB 교육과정을 공교육에 도입하기 위해 지역별 선도학교 지정, 한국어 IB 교재 개발, 교원 연수 지원 등 체계적인 지원이 필요하다. 특히 일반 고등학교에 IB 프로그램을 적극적으로 확대하여 지역 간 교육 격차를 해소하고, 국내 교육 전반에 IB 철학을 내재화해야 한다.

현재 제주와 대구를 비롯하여 일부 시·도교육청에서 IB를 시범 운영하거나 도입을 준비 중인데, 이러한 움직임을 전국적으로 확산할 필요가 있다. 교육 당국은 IB를 "암기·시험 중심 교육을 탈피할 수 있는 굉장히 좋은 대안"으로 보고 있으며, "확신이 들면 전국적으로 확산"할 수 있다는 입장을 밝힌 바 있다.

교육부 차원에서 IB 프로그램을 한국 실정에 맞게 발전시켜 일반고에 도입하는 방안을 검토 중인 만큼, 이제는 시범 수준을 넘어 정규 교육과정 속 IB 철학의 내재화를 추진해야 한다. 이를 위해 각 지역의 선도학교를 지속적으로 늘리고, IB의 PYP(초등), MYP(중등), DP(고등) 전 과정을 한국어로 운영할 수 있도록 IBO(International Baccalaureate Organization)와 협력하여 공인 교원 연수, 한글화 교재 개발 등을 지원해야 한다. 특히 지방의 일반고에서도 표선고처럼 IB를 운영하여 성과를 낼 수 있었던 만큼, 도농 간 교육격차를 줄이고 지역인재 육성에 기여할 수 있도록 K-IB 모델 학교를 권역별로 지정·육성하는 정책을 제안한다. 이는 IB 도입 초기의 불안감을 해소하고 모범 사례를 만들어 전국 확산의 발판을 마련할 것이다.

대학 입시에서 IB 이수자에 대한 제도적 지원과 공정한 평가 체계 마련

대학 입시 과정에서 IB 학생들의 역량과 성과를 제대로 평가하기 위한 명확한 기준과 지침 마련이 시급하다. IB 성적의 국내 환산 기준 정립, IB 활동의 학생부 반영 가이드라인 제공, 입학사정관 대상 IB 평가연수 등 제도적 지원을 통해 IB 이수자들이 대입에서 공정한 평가를 받을 수 있도록 해야 한다.

현재 IB DP 이수자는 주로 학생부종합전형으로 지원하고 있고, 표선고 사례에서 보듯 상당한 경쟁력을 보여주었다. 하지만 향후 IB 도입학교가 늘어나면 대학 차원에서도 IB 학생들의 학업성취도와 역량을 정확히 이해하고 평가할 수 있는 기준이 필요하다. 예컨대, IB 성적 45점 만점 체계(1~7점제)를 9등급제(또는 5등급제) 성취도와 어떻게 비교 환산할지, IB 과목별 학습 성취와 TOK・EE 활동을 학생부 종합평가에서 어떻게 반영할지 등에 대한 세부 가이드가 요구된다. 교육당국과 대학이 협력하여 IB 학생부 기록의 표준화 지침을 만들고, 대학 입학사정관들에게 IB 과정에 대한 연수를 제공하는 것도 하나의 방법이다. 다행히 교육부는 "IB 도입 학교 학생들이 대입에서 불이익이 없도록 면밀히 검토 중"이라고 밝히며 입시제도 개선 의지를 보였다. 이러한 노력에 발맞춰, 서울대를 비롯한 주요 대학은 IB 학생들의 강점을 평가에 적극 반영할 것을 공식화함으로써 고교 교육과정 혁신에 힘을 실어줄 필요가 있다. 구체적으로는, 학생부종합전형 평가요소에 TOK・EE・CAS에서 기른 역량을 고려한다는 점을 명시하거나, 면접에서 IB 이수 경험을 살려 답변할 기회를 주는 식의 배려가 가능하다. 더 나아가 장기적으로 IB 이수자를 위한 특별전형이나 가산점 부여도 검토할 수 있으나, 그것이 오히려 일반교육과의 괴리를 벌릴 수 있으므로 현 단계에서는 현행 전형 내에서의 공정한 평가 정착이 우선일 것이다.

국가 교육과정과 IB 교육철학을 결합한 모델 개발 필요성

국제적 교육 기준으로 인정받는 IB 교육철학을 토대로, 한국 교육 맥락에 부합하는 적용 모델을 개발해야 한다. 고교 학점제와 융합교과 과정, 고교 졸업 논문제 도입 등 국내 교육과정 내에 IB의 탐구형 학습 및 토론식 수업 방식을 접목하여 국내 대입 제도와의 연계를 높일 필요가 있다.

2022 개정 교육과정이 지향하는 바와 IB의 지향점은 상당 부분 일치한다는 것이 앞서 논의되었다. 그렇다면 굳이 모든 학교가 IBO의 공인을 받아야만 IB식 교육을 실현할 수 있는 것은 아니다. 한국 교육환경에 접목한 IB식 모델이란, IBO의 공식 규정과 평가 체계를 그대로 도입하지 않더라도, IB의 핵심 가치인 학생 주도적 탐구, 토론 기반 수업, 성찰 중심 평가를 국내 교육과정과 학교 문화에 융합한 형태를 의미한다. 이를 위해 교육과정 차원에서 탐구형 과제, 교과융합 프로젝트, 서술형 평가 비중 확대 등을 제도화할 수 있다. 예컨대 고교 학점제 아래에서 융합교과 세부과목을 IB처럼 설계하거나, 고교 졸업논문제(캡스톤 프로젝트와 유사한 형태)를 도입하여 모든 학생이 EE와 같은 경험을 하도록 하는 방안을 생각해 볼 수 있다.

또한 교사들이 IB식 수업방법을 익히도록 연수 프로그램을 제공하고, 우수 사례를 공유하여 IB 철학의 저변 확대를 꾀해야 한다. 이 과정에서 IBO와의 협력을 통해 국내 교사들을 위한 IB 연수과정 인증이나 한글 IB 자료 개발 등의 지원을 얻는 것도 좋다. 결국 한국형 IB는 국가 교육과정의 성취기준과 평가체계를

IB의 장점과 결합한 형태로 구상될 수 있으며, 이는 보다 많은 학생들이 IB의 혜택을 누리면서도 국내 대학입시와 자연스럽게 연계되는 이상적인 모델이 될 것이다. 대구의 성과를 바탕으로 한국 교육환경에 적합한 한국형 IB 개발의 필요성은 교육부 차원에서도 꾸준히 강조되어 왔으며, 정치권과 교육계 역시 IB를 공교육 혁신의 대안 중 하나로 지속적으로 주목하고 있다. 이제 이를 구체적인 정책으로 설계하고 실천에 옮길 시점이다.

학부모 및 학생 대상 IB 인식 개선과 정책적 지원 확대

IB 교육과정에 대한 사회적 신뢰를 높이고 공교육 내 정착을 촉진하기 위해 IB 운영학교의 우수 사례 홍보와 지역별 설명회 개최 등 인식 개선 노력이 필요하다. 또한 경제적 지원 확대 및 방과후 학습 지원 등 실질적인 정책 지원을 통해 학부모와 학생들이 안심하고 IB를 선택할 수 있는 환경을 조성해야 한다.

IB 도입이 성공하려면 기존의 입시문화 속에서 불안해할 수 있는 학부모들을 설득하고, 학생들이 자신 있게 도전할 수 있는 환경을 조성해야 한다. 이를 위해 IB 운영학교의 성과와 우수사례를 적극 홍보하고, 지역별 설명회나 언론보도를 통해 IB에 대한 정확한 정보를 제공할 필요가 있다. 앞서 언급한 표선고의 대학입시 실적이나 학생들의 성장 사례, 교사들의 변화 등 긍정적인 이야기를 공유함으로써 IB에 대한 신뢰를 구축할 수 있다.

IB를 선택한 학생들이 사교육 없이 학교 수업과 과제에 전념할 수 있도록 방과후 학습지원, 멘토링 제도 등을 마련하는 것도 방법이다. "세금으로 양질의 교육을 받을 수 있다"는 기대처럼, 공교육 내 IB 확산이 사교육 경감과 교육 불평등 완화로 이어지도록 정책 설계를 해야 한다. 궁극적으로 IB 방식의 학습이 한국 학생들의 학습 동기와 즐거움을 높여주고, "주입식 교육에 지친" 학생들이 스스로 활로를 찾게 해주는 계기가 될 수 있음을 강조할 필요가 있다.

이상의 제언들은 서울대 2028 전형 개편의 취지와 IB 교육의 강점을 최대한 살리면서, 두 체제가 효과적으로 접목될 수 있는 방안을 제시한 것이다. 핵심은 대학의 평가 혁신과 고교 교육 혁신이 함께 가야 한다는 점이며, 이는 한쪽만 변화해서는 선순환을 이루기 어렵다. 대학이 IB와 같은 역량중심 교육에 긍정 신호를 보내고, 고교가 이에 부응하여 교육방식을 바꾸면, 학생들은 자신의 잠재력을 다양하게 계발할 수 있고 궁극적으로 대입에서 공정히 인정받을 수 있을 것이다.

우리는 이제 단순한 입시 준비 공간이 아닌, 진정한 배움과 성장이 이루어지는 '학교(學校)'의 본질을 회복해야 할 시점에 와 있다. 동시에 학생들 역시 대입이라는 단일 목표를 위해 하루하루를 소진하기보다, 자신의 내면적 가치와 역량을 능동적으로 키워나가는 진정한 '학생(學生)'으로서의 정체성을 확립할 필요가 있다. 이러한 교육 환경의 근본적 변화는 더 이상 선택이 아닌, 우리 시대가 절실히 요구하는 필수적인 과제로 받아들여야 한다.

서울대학교 2028학년도 대입전형 개편안은 미래사회에 부응하는 인재 선발을 위해 역량 중심의 평가체계를 전면에 내세웠다. 이는 우연이 아니라 2022 개정 교육과정의 철학, 나아가 IB 교육과정이 오래전부터 실천해 온 학습자 중심 교육철학과 궤를 같이하는 방향성이다. 본 장에서 살펴본 바와 같이, 서울대가 지향하는 창의융합 인재상과 IB의 학습자상은 본질적으로 유사하며, 서울대 전형에서 강조한 창의탐구, 종합적 사고, 공동체 의식은 IB 디플로마 프로그램의 EE, TOK, CAS를 통해 길러지는 핵심 역량과 정확히 맞물린다. 제주 표선고 사례는 이러한 교육과 평가의 연계 가능성을 입증한 생생한 예로서, IB 이수자가 국내 대입에서도 뛰어난 경쟁력을 보일 수 있음을 보여주었다. 중요한 것은 이제 이러한 성공을 일부 학교나 일부 대학의 이야기로 끝내지 않고, 대한민국 공교육 전반의 변화로 확대해 가는 일이다. 다행스럽게도 교육부를 비롯한 정책 결정자들은 IB를 공교육 경쟁력 강화의 중요한 열쇠로 인식하기 시작했고, 대학들도 입학전형에서 점차 서술·논술형 평가와 학생부종합전형의 정성평가 요소를 강화하고 있다. 이는 미래교육과 미래입시의 접점이 형성되고 있음을 의미한다.

결론적으로, IB 교육방식을 한국 공교육에 도입하고 확산하는 것은 더 이상 선택이 아니라 필연으로 다가오고 있다. 미래 사회가 요구하는 창의적 문제해결력과 공동체적 리더십을 갖춘 인재를 기르기 위해, 우리는 세계 표준의 IB 교육철학을 우리 실정에 맞게 받아들이면서, 동시에 대입제도와 유기적으로 연계시키는 지혜가 필요하다. 서울대학교 2028학년도 입학전형 개편안은 그 방향성을 제시한 신호탄이며, 이제 이를 뒷받침할 교육과정 혁신과 정책적 지원이 뒤따른다면, 대한민국의 학생들은 학교에서 깊이 있게 탐구하고 협력하며 성장하고, 대학은 그런 학생들을 선발하여 미래 인재로 육성하는 선순환이 이루어질 것이다. 궁극적으로 공교육 적용 모델의 도입과 확산은 우리 교육이 주입식 경쟁교육에서 벗어나 학생 한 명 한 명의 창의성과 인성을 꽃피우는 방향으로 전환하는 계기가 될 것이며, 이는 서울대가 추구하는 인재상은 물론 우리 사회 전체의 발전에도 이바지할 것으로 기대된다. 새로운 도전인 IB와 한국 교육의 만남을 통해, 미래 세대의 학습자들이 세계와 소통하는 창의적 지식인으로 성장하기를 기대한다.

CHAPTER 03

'새로운 모델'이 아니라 '이미 있는 가능성' 찾기

> 우리가 찾던 건 '다른 세상'이 아니라,
> 이미 이곳에 시작된 변화였다.

1. IB는 대안이 아닌 '참조점'

한국 교육은 오랫동안 새로운 모델을 찾아왔다. 입시 위주의 현실을 넘어설 무언가를 갈망하며, 대안학교, 혁신학교, 다양한 국제교육 프로그램을 도입하고 실험했다. 대안학교에서는 자율성과 공동체성을 강조하고, 혁신학교는 학생 중심 수업과 학교 자율경영을 시도했으며, 국제교육 프로그램들은 사고력과 창의성을 기반으로 한 교육과 평가 체계를 소개했다. IB 또한 이러한 흐름 속에 주목받기 시작했다.

시기/유형	주요 사건 및 제도 도입	특징 및 의의
1980년대	민주화 운동과 함께 야학, 노동자 교육 등 비공식 교육 활성화-생태주의 · 탈학교론 유입	공교육에 대한 비판과 새로운 교육에 대한 갈망이 시작됨

시기/유형	주요 사건 및 제도 도입	특징 및 의의
1990년대 초반	'또 하나의 문화' 캠프 활동 시작-광명 창조학교(1992), 민들레학교(1993) 등 설립	공동체 중심, 자치활동 강조-입시 중심 교육에 대한 대안 모색
1997년	간디청소년학교 설립	전일제 대안학교의 본격적인 시작
1998년	영산성지학교 등 6개교 특성화학교로 지정	대안학교의 제도권 진입 시도 시작
2003년	교육부, '대안교육 확대 · 내실화 방안' 발표	시설 기준 완화, 각종학교 형태의 학력인정 대안학교 설립 추진
2009년	경기도에서 혁신학교 도입 시작	자율성, 민주적 학교 운영, 전인교육 강조
2010년대	혁신학교 전국 확산-2015년까지 828개교 운영	공교육 내에서의 대안적 모델로 자리매김
2020년	'대안교육기관에 관한 법률' 제정	미인가 대안학교의 법적 지위 확보, 공공성 강화
국제교육 프로그램	1961년 유네스코 학교 네트워크 참여 시작-IB 프로그램 도입 확대	글로벌 시민 교육, 다문화 감수성 함양

그러나 우리는 질문해야 한다. 과연 새로운 모델을 가져오는 것만으로, 한국 교육이 가진 깊은 구조적 문제를 해결할 수 있을까? 새로운 이름과 틀을 들여오는 것만으로, 아이들의 배움이 바뀔 수 있을까? '다른 곳에 정답이 있다'는 믿음은 때로 필요한 희망이었다. 하지만 그 믿음이 무비판적 수용으로 이어질 때, 우리는 또 다른 실패를 반복할 수 있다. 변화는 수입이 아니라, 발견과 성찰에서 시작된다.

IB가 우리에게 던진 충격은 단순한 커리큘럼이나 평가 방식이 아니었다. IB는 배움을 바라보는 시선 자체를 뒤흔들었다. 학생을 지식의 수용자가 아니라 배움의 주체로 세우고, 평가는 결과를 측정하는 도구가 아니라 과정을 읽고 성장을 지원하는 언어로 다시 설계했다. 이러한 철학은 MYP(중등 프로그램)의 '개인 프로젝트'에서 분명히 드러난다. MYP 개인 프로젝트는 학생이 스스로 주제를 설정하고, 깊이 있는 탐구를 거쳐 실제적인 결과물을 만들어내는 과정이다. 이 과정에서 학생은 단순히 정답을 찾기보다는, 탐색하고 반성하며 자신만의 언어로 의미를 구성해 낸다. IB가 진정으로 중요하게 여기는 것은 바로 이 '배움의 움직임'이다. 아래는 IB MYP 개인 프로젝트 중 '환경'이라는 주제를 탐구한 사례들로, 각 프로젝트는 학습자의 주도성, 문제 해결력, 비판적 사고 등이 어떻게 평가 요소로 연결되는지를 보여준다. 이러한 방식은 단순한 결과물이 아니라 학생의 성장 과정을 중시하는 교육 철학을 보여준다.

프로젝트 주제	핵심 활동 및 과정	결과물	주요 배움과 평가 요소
낡은 청바지 업사이클링 가방 제작 ("REDONE/IT")	패스트패션의 문제 탐구 → 의류 수거 및 재단 → 지역 여성과 협업해 제작	업사이클링 가방 제작, 수익 기부, 사회적 브랜드 창출	창의성, 사회적 책임감, 협업, 자기관리 능력
무자본 지속가능 자연농장 조성	전통 농법 조사 → 농부 인터뷰 → 채소 재배 및 과정 공유	텃밭 운영 기록, 지역사회 참여 유도	자기주도성, 비판적 사고, 실천적 문제 해결력

프로젝트 주제	핵심 활동 및 과정	결과물	주요 배움과 평가 요소
낚시 환경 보호 제안서 작성	생태계 영향 분석 → 낚시 동호회 의견 수렴 → 친환경 수칙 제안	환경보호 제안서 발표 및 피드백 반영	소통 능력, 현실 기반 탐구, 설득력 있는 표현
교실 실내 녹화 프로젝트	공기정화 식물 연구 → 공간 설계 및 식물 배치 → 유지 · 관리 체계 수립	녹색 학습 공간 조성, 사진 · 기록물 공유	조직력, 실행력, 건강 · 환경 인식 강화

이 모든 프로젝트에서 공통적으로 나타나는 것은, **지식 전달이 아닌 '의미 있는 경험' 중심의 배움**이다. 학생은 스스로의 관심에서 출발해 세계와 연결되고, 실제 변화를 만들어내는 주체로 기능한다. 이는 한국 교육이 주목해야 할 중요한 참조점(reference point)이다. 결과에 갇힌 교육이 아니라, 배움의 방향과 이유를 다시 묻는 교육으로의 전환 말이다.

IB를 통해 우리는 물었다. 학생이 진짜 주인이 되는 수업이란 무엇인가? 과정 중심 평가는 단지 방법론의 문제가 아니라, 교육 철학의 문제였던 것은 아닐까? IB가 보여준 것은 하나의 완성된 시스템이 아니라, 배움에 대한 근본적인 신뢰였다. 우리는 그 신뢰를 어떻게 우리 교실에 맞게 해석할 것인가를 고민해야 한다.

하지만 독자에 따라 '과정 중심 평가가 교육 철학의 문제'라는 말에 의문을 가질 수도 있다. 한국 교육도 수행평가나 성장 중심 평가를 도입해 왔다. IB와 무엇이 다르다는 걸까? 핵심은 '신뢰와 일관성'이다. IB의 과정 중심 평가는 단지 점수를 산출하는 방법이 아니라, 배움 자체를 설계하는 철학에서 비롯되며, 교육의 모든 요소와 긴밀히 연결되어 있다. 반면 한국의 과정 중심 평가는 평가 방식만 바꿔놓고, 철학과 환경은 그대로 두었기에 현장에서는 왜곡되거나 소외되는 일이 잦다.

IB는 '평가란 교육의 철학을 드러내는 언어'라고 본다. 그래서 학생을 단순히 시험으로 줄 세우는 것이 아니라, 장기간의 탐구와 창작, 성찰을 통해 배움의 궤적을 추적하려 한다. MYP의 개인 프로젝트, DP의 내부평가(IA), TOK 에세이와 EE(졸업논문), CAS 등 모든 활동이 평가와 연결되며, 그것은 곧 수업이며 배움이다.

반면 한국 교육은 수행평가나 포트폴리오 도입 등 시도는 있어 왔지만, 입시와 내신이라는 큰 구조 속에선 과정 중심 평가가 왜곡되거나 형식에 머무는 경우가 많다. 교사의 전문성과 학생의 성장을 믿기보다는 공정성과 형평성 논란을 피하기 위한 방어적 평가가 많다. 결국 철학 없는 평가 개혁은 교육을 바꾸지 못한다.

구분	IB 교육	한국 공교육
평가의 철학적 위치	교육 목표 · 수업 · 평가가 통합된 철학 기반	평가 기법만 분리되어 도입됨
평가 방식의 다양성	프로젝트, 실험, 발표, 에세이, 반성 등 과정 전체를 평가	수행평가 일부 반영되지만, 비중 낮고 단편적
신뢰 기반 여부	교사와 학생에 대한 신뢰를 바탕으로 설계됨(후속 검증 시스템도 갖춤)	교사의 평가에 대한 신뢰 부족으로 객관화 · 감독 강조

구분	IB 교육	한국 공교육
교사의 자율성과 역할	평가 과제를 직접 설계, 채점, 성찰까지 주도	평가 지침에 맞추는 실행자 역할에 가까움
학생의 평가 인식	'평가는 배움의 일부'로 인식 (성찰 포함)	'평가는 점수'로 인식, 부담 요인으로 작용
결과의 활용	학습 성과를 전인적으로 반영 (과정+결과 포함)	내신 점수화 중심, 과정보다 결과 중시

한국 교육에 IB를 그대로 이식하는 것은 쉽지 않다. 문화, 제도, 입시 체제, 교실 현실이 다르기 때문이다. 하지만 우리는 이미 알게 모르게 변화를 시작하고 있었다. 과정 중심 평가가 확산되고, 핵심역량 기반 교육과정이 강조되며, 학생 서사형 생활기록부 작성이 자리 잡아가고 있다. IB를 모르고도, 이미 많은 교사와 학생들이 같은 방향으로 나아가고 있었던 것이다.

중요한 것은 IB를 단순히 가져오는 것이 아니라 참조하는 것이다. 그들의 철학과 방식을 거울 삼아, 우리 안에 이미 존재하는 가능성을 발견하고, 우리 현실에 맞게 풀어내는 일이다. 예를 들어, IB 초등 프로그램(PYP)에서 강조하는 주제 통합 탐구 수업은, 우리 교육과정의 '주제 중심 프로젝트 수업'과 연결될 수 있다. IB의 루브릭 평가 문화도, 학생 서사 중심의 생활기록부와 이어질 수 있다. IB는 대안이 아니라 참조점이다. 참조란 닮아가는 것이 아니라, 자신만의 길을 더 명확히 찾아가는 것이다. 우리는 IB를 통해, 우리 안의 가능성을 다시 묻고, 그것을 확장해 가야 한다.

영역	과거 중심	현재 변화의 흐름	IB와의 연결
교육 방식	주입식 강의 중심	학생 주도 탐구형 수업 확대	Inquiry-Based Learning(탐구 중심)
평가	결과 중심 일제고사	과정 중심 수행평가 증가	루브릭 기반 평가, 포트폴리오
기록	수상 실적, 외부 인증 강조	성장 서사 중심 생활기록부	학생 자기주도 포트폴리오
교사 역할	지식 전달자	학습 촉진자, 퍼실리테이터	IB 교사 연수에서 강조하는 역할

2. IB 확장 논의에서 무엇을 얻고 놓쳤는가

IB가 국내 교육계에 본격적으로 소개된 이후, 우리는 분명한 변화를 경험했다. 학생 주도성, 과정 중심 평가, 탐구 기반 수업 같은 개념들이 이제는 교실 현장에서 자연스럽게 이야기되고 있다. 진도 나가기에 급급했던 수업이 학생의 질문과 탐구를 중심으로 재구성되기 시작했으며, 성장 중심 평가가 가능하다는 믿음도 점차 확산되고 있다.

특히 IB는 학습자의 성찰과 자기주도성을 평가의 중심에 세우는 방식을 통해, 성적이 아니라 성장의 궤적을 평가할 수 있다는 새로운 기준을 제시했다. 예를 들어, IB 중등 프로그램(MYP)에서는 학생이 주제를 스스로 설정하고 과정을 계획하며 결과를 분석하는 프로젝트를 수행한다. 이 과정에서 학생은 탐구능력, 사고력, 자기관리 능력을 종합적으로 성장시킨다. 이는 한국 학교 현장에서 확산되고 있는 자율탐구과제나 동아리 프로젝트 평가와도 연결될 수 있다.

또한 IB는 교육이 국가 단위 시험 점수에 머무르는 것이 아니라, 세계와 소통하고 문제를 해결하는 역량으로 확장되어야 함을 강조했다. 이는 한국 사회가 지나치게 수능과 내신 중심으로 좁혀온 교육 관행을 돌아보게 만들었다.

하지만 얻은 것만큼 놓친 것도 있다. 탐구 기반 수업은 때때로 탐구 보고서를 쓰는 과제 수행으로 변질되었고, 과정 중심 평가는 기록을 위한 기록, 체크리스트 관리로 축소되었다. 학생의 성장을 중심에 두기보다 수행평가 항목을 채우는 것이 더 중요한 일이 되어버리는 경우도 많았다. 또한 여전히 결과 중심 사고는 쉽게 사라지지 않았다. 과정 평가를 한다면서도 최종 결과물에만 집중하고, 실패나 갈등의 경험은 충분히 평가하지 못하는 현실이 존재했다. 이러한 얻은 것과 놓친 것을 정리해 보면 다음과 같다

항목	얻은 것	놓친 것	IB가 지향하는 방향
수업 방식	학생 주도성 강조 (질문 중심 수업 확산)	탐구가 과제 수행으로 변질	학생 주도 탐구, 자기 질문 중심 학습
평가 관점	과정 중심 평가 확산	결과물 중심 평가 고착	성찰과 성장 과정의 질적 평가
기록 문화	성장 중심 생활기록부 시도	기록을 위한 기록, 체크리스트화	과정과 맥락을 담은 서사적 기록
학생 인식	성찰과 자기주도성 강조	빠른 완성=우수로 오해	실패와 시도 자체를 인정하고 격려
교사 역할	퍼실리테이터 인식 확산	평가와 관리 중심 잔존	배움 촉진자, 성장 동반자로서의 교사

우리는 얻은 것과 놓친 것을 동시에 바라봐야 한다. 무엇보다 중요한 것은, 학생의 배움을 신뢰하지 못한 채 형식을 따르는 데 그쳤다는 점이다. IB가 강조한 것은 학생의 자율성과 탐구 정신을 믿는 것이었지만, 우리는 여전히 "완성된 과제"를 빠르게 내는 아이를 "탐구를 잘하는 아이"로 오해하는 경우가 있었다. 이러한 신뢰 부재는 교육의 본질을 흐리게 만들었다.

왜 우리는 본질보다 형식에 집착하게 되었을까? 그 배경에는 평가의 공정성에 대한 극도의 민감함, 교사에 대한 구조적 불신, 그리고 정해진 답을 요구하는 입시 중심의 교육 문화가 자리 잡고 있다. 교사는 '성장을 위한 평가'를 하고 싶어도, 학부모와 학생은 '점수를 위한 결과'를 기대한다. 이런 간극 속에서 교사는 무난한 과제, 빠른 평가, 객관적 기준을 택할 수밖에 없다.

결국 학생은 '과정을 통해 변화하는 존재'가 아닌, '정해진 틀에 맞춰 완성된 결과물을 내는 존재'로 길러진다. 탐구는 '과정' 그 자체로서 의미가 있는 것임에도, 우리는 여전히 '결과물의 완성도'로만 학생을 판단하고 있는 것이다. 이처럼 신뢰 없이 형식만 이식된 교육은, 결국 학생의 자율성과 성장을 방해하게 된다.

IB가 강조한 것	한국 교육 현실에서 흔히 나타나는 오해 또는 왜곡
탐구는 질문에서 시작되고, 스스로 확장되는 과정이다	빠르게 완성된 결과물이 탐구 능력을 보여주는 증거로 오해됨
과정 중심 평가는 학생의 성장을 읽는 도구다	점수를 매기기 위해 형식적으로 작성된 수행평가로 축소됨
교사는 학생의 배움의 여정을 관찰하고 안내하는 존재다	채점 기준에 따라 수치화된 결과만을 보고하게 되는 관리자 역할에 머무름

이처럼 신뢰 없이 형식만 이식된 교육은, 결국 학생의 자율성과 성장을 방해하게 된다. 그렇기에 우리는 'IB를 도입했는가' 보다 'IB가 가리킨 방향을 따랐는가'를 물어야 한다. 겉으로는 혁신을 말하지만, 정작 교육의 본질은 그대로인 채 껍데기만 바꾼 것은 아니었는가.

우리는 얻은 것과 놓친 것을 동시에 바라봐야 한다. 긍정적인 자극만을 받아들이는 것으로는 부족하다. 놓친 부분까지 정직하게 성찰할 때, 우리는 IB를 넘어 진짜 우리 교육의 변화를 만들어낼 수 있다.

3. 확장 가능성의 조건: 기록과 신뢰

기록이 필요한 이유: 흐름으로서의 배움

배움은 '순간'이 아니라 '흐름'이다. 어떤 개념을 이해했다는 사실보다 더 중요한 것은, 그 개념을 어떻게 만나고, 어떻게 머뭇거리고, 어떻게 나만의 언어로 재구성했느냐다. 교육은 이런 과정을 따라가는 일이어야 하며, 그 과정을 드러내는 가장 확실한 방법이 바로 기록이다.

학생의 성장은 늘 '현재의 완성'이 아니라 '다음의 가능성'을 품고 있다. 우리는 수업이라는 시간 속에서 그 가능성이 어디로 움직이고 있는지를 포착해야 한다. 단편적인 정답이 아니라, 학생의 언어, 생각의 흐름, 표현의 시도들이 기록될 때 비로소 배움은 일회성이 아닌 연속성의 구조를 가진다.

기록은 배움을 반복하게 하고, 반복 속에서 자신을 다시 바라보게 한다. 오늘 쓴 문장을 내일 다시 읽으며 수정하고, 지난달에 썼던 아이디어를 다시 가져와 연결할 수 있을 때, 학생은 자신이 배운 것을 '축적된 나'의 일부로 받아들이게 된다. 이처럼 기록은 배움의 과정을 의식화하며, '나는 배우는 사람이다'라는 학습자 정체성을 만든다.

기록이 남긴 흔적이 어떻게 다음 배움을 설계하는가

기록은 과거의 흔적을 보존하는 데 그치지 않는다. 오히려 다음 배움을 계획하게 만드는 가장 구체적인 단서가 된다. 아이가 어떤 개념에서 막혔는지, 어떤 주제에서 몰입했는지, 어떤 질문을 남겨두었는지의 이 기록이 교사에겐 피드백의 언어가 되고, 학생에겐 자기 성찰의 거울이 된다.

IB 수업에서 교사들은 루브릭보다 먼저 학생의 탐구 노트를 들여다본다. 프로젝트 과정 중 남긴 메모, 중간 중간 썼던 자기 성찰 일지, 자료 수집 경로 등 모든 배움의 흔적들이 다음 질문을 만드는 재료가 된다. 예컨대 한 학생이 MYP 개인 프로젝트에서 패스트패션을 주제로 삼았다면, 그 학생의 노트에는 이렇게 남아 있을 것이다.

> "나는 왜 싼 옷을 사면서도 그게 불편했는지를 다시 생각해 보았다. 나도 소비자였지만 동시에 환경을 파괴하고 있었다."

이 문장 하나가 다음 수업의 질문이 되고, 다음 프로젝트의 주제가 된다. 기록은 그렇게 '교육의 시간'을 연결한다. 조금 더 사례를 살펴보면 다음과 같다.

어느 초등학교 4학년 교실. '식물의 생장' 단원에서 학생들은 각자 토란을 키우며 그림일기 형식으로 성장 과정을 기록하고 있었다. 그중 한 학생은 이렇게 썼다.

> "오늘은 토란 잎에 물방울이 맺혔다. 엄마가 '토란은 원래 물을 싫어한다'고 하셨다. 그런데 비닐 씌운 토란은 잘 자란다. 비닐은 물을 싫어하게 만들까?"

이 짧은 기록 하나가 교사와 학급 전체의 배움 방향을 바꾸었다. 단순한 성장 관찰로 끝날 수도 있었던 수업은, 학생의 질문을 중심에 두고 '비닐의 종류에 따라 식물 생장에 차이가 있는가?'라는 새로운 탐구 주제로 재구성되었다.

기록은 지식의 정리가 아니라, 새로운 배움이 시작되는 진입점이 되었다. 학생의 말과 생각이 머물렀던 흔적이 없었다면, 이 질문은 금세 사라졌을 것이다. 하지만 기록이 있었기에 교사는 그 호기심을 붙잡을 수 있었고, 교실은 지시된 과제에서 벗어나 학생 주도 탐구로 확장되었다.

IB MYP의 '개인 프로젝트'에 참여한 한 학생은 '패스트패션이 환경에 미치는 영향'을 주제로 삼고, 1년간의 탐구 과정을 성실히 기록해 나갔다.

그의 기록은 단순한 활동 요약이 아니었다. 자신이 조사한 자료, 인터뷰 내용, 만든 가방의 설계도뿐 아니라, 그 과정에서 느낀 감정과 생각의 변화까지 구체적으로 담겨 있었다. 그는 프로젝트 말미에 이렇게 썼다.

> "가방을 만든 것이 중요한 게 아니라, 내 소비가 바뀌기 시작했다는 게 더 중요했다."

이 문장은 그가 탐구 과정을 통해 얼마나 내면의 변화와 연결되었는지를 보여준다. 기록은 자기 성찰의 도구가 되었고, 성찰은 곧 다음 배움의 방향을 비추는 등불이 되었다. 실제로 이 기록을 바탕으로 교사는 이후의 에세이 주제나 CAS 활동으로 자연스럽게 연결해 갈 수 있었다. 학생 또한 자신의 배움을 '기억하는 사람'에서 '재구성하고 설계하는 사람'으로 성장할 수 있었다.

이처럼 기록은 "잘했다"는 증명을 위한 것이 아니라, "어떻게 달라졌는가"를 발견하기 위한 것이다. 그 흔적들이 쌓일 때, 교육은 방향을 가진 흐름이 되고, 학생은 자신의 배움을 믿을 수 있게 된다. 기록이 있는 교실은 단순한 정보의 저장소가 아니라, 배움의 길을 따라가는 지도가 된다.

결국 기록은 단순한 정리나 평가를 위한 증거물이 아니라, 교육을 시간 속에 존재하게 하는 장치다. 기록이 있는 교실은 교사의 수업도 바꾸고, 학생의 시선도 바꾼다. 과거의 흔적이 미래의 배움을 설계한다는 믿음, 그것이 바로 IB가 신뢰를 기반으로 교육을 설계할 수 있었던 이유다. 변화는 한순간에 완성되지 않는다. 배움은 끊임없는 기록과 성찰 속에서 자란다. 우리는 흔히 성취 결과만을 기록하려 한다. 수상 실적이나 시험 점수처럼 눈에 보이는 성과를 남기려 한다. 그러나 진정한 변화는 어떤 질문을 품었고, 어떤 과정을 거쳤으며, 어떤 실패를 경험했는가를 기록하는 데서 시작된다.

IB에서는 학생이 자신의 탐구 과정을 꾸준히 기록하고, 스스로 반성하는 포트폴리오 문화를 강조한다. 이와 비슷하게 한국에서도 자율탐구노트나 성장일지를 통해 과정을 기록하고, 성찰을 남기는 시도가 확산되고 있다. 기록은 단순한 결과물이 아니라, 배움의 흔적이고 성장의 언어다.

기록을 관계로, 신뢰를 흐름으로

그러나 기록만으로는 충분하지 않다. 기록이 진짜 힘을 가지려면 신뢰가 필요하다. 학생이 스스로 배우고 성장할 수 있다는 믿음, 교사가 학생의 가능성을 읽어낼 수 있다는 신뢰, 교육이 성과 관리가 아니라 삶을 키워가는 과정임을 인정하는 사회적 문화가 필요하다. IB는 모든 평가와 수업의 기반에 이 신뢰를 놓았다. 왜 IB는 평가와 수업의 기반에 '신뢰'를 둘 수 있었을까? IB는 단지 신뢰를 이야기하는 교육이 아니다. 신뢰가 작동할 수밖에 없는 구조를 만든 교육이다. 디플로마 프로그램(DP)은 평가와 수업의 모든 요소에서 신뢰를 전제로 한다. 교사는 전문성을 지닌 평가의 설계자로, 학생은 탐구와 성찰의 주체로 자리매김한다. 그리고 이 신뢰는 단지 이상이 아니라, 실제로 작동하는 교육 설계 안에 깊이 뿌리내리고 있다.

교사에 대한 신뢰: 내부평가에서 드러나는 자율성

DP의 대부분 과목은 외부시험뿐 아니라 내부평가(IA, Internal Assessment)를 포함한다. 과학 실험, 구술 발표, 수학 탐구, 사회과 과제 등은 담당 교사가 직접 평가하며, 이 결과는 공식 성적의 일부로 반영된다. IB는 교사에게 "단순한 점수 산출자" 이상의 권한을 준다. 과제 설계부터 채점 기준 적용까지 교사의 전문적 판단을 신뢰하며, IB 본부는 그 결과를 바탕으로 외부 조정을 시행할 뿐이다. 즉 신뢰는 '방임'이 아닌 '책임 있는 자율성'으로 제도화되어 있다. 교사는 IB가 제시하는 평가 기준을 바탕으로 자율적으로 과제를 설계하고 채점하며, IB는 표본 검토를 통해 과도한 편차만 조정할 뿐, 교사의 평가 결과를 전면 부정하지 않는다. 신뢰는 교사의 자율성과 함께, 검증 가능한 구조 안에서 운영된다. 이것이 IB가 자율성을 허용하면서도 국제적 공신력을 유지할 수 있는 이유다.

학생에 대한 신뢰: 자기주도적 탐구를 기반으로 한 설계

IB DP의 핵심 요소인 "EE(확장 에세이), TOK(지식이론), CAS(창의・활동・봉사)"는 학생의 자율성과 성실성을 전제로 한 구조다.

EE는 학생이 주제를 정해 장기 탐구를 수행하고 4,000자 내외의 논문을 작성하는 프로젝트다. 교사는 조력자이지만, 탐구의 기획과 실행, 성찰은 전적으로 학생의 몫이다. 이는 학생을 연구

자적 존재로 신뢰하지 않고서는 운영될 수 없는 구조다.

TOK는 지식의 본질에 대해 비판적으로 질문하고 성찰하는 수업이다. 정답이 없는 사고 실험을 통해 학생은 자신의 세계관을 형성하며 말과 글로 드러낸다. 여기서 중요한 것은, 학생이 스스로 질문하고 논리를 구성하는 힘이다.

CAS는 정량평가 없이 학생의 삶과 경험을 기반으로 하는 실천을 추구한다. IB는 시수나 활동 목록보다, 그 활동 속에서 학생이 어떤 의미를 구성했는지를 중시한다. IB 가이드는 "과도한 서류 증빙은 학생이 신뢰받지 못한다고 느끼게 만든다"며 이를 경계한다.

이 세 가지는 모두 학생을 '관리의 대상'이 아닌 '책임 있는 주체'로 보는 시선에서 출발한다. 다시 말해, IB는 학생을 신뢰할 수 있었던 것이 아니라, 학생을 신뢰해야만 가능한 구조를 설계한 것이다.

시스템에 대한 신뢰: 검증 가능한 공정성

그렇다고 해서 IB의 평가가 '주관적 감정'에 기댄 것은 아니다. 오히려 신뢰가 흔들리지 않도록 설계된 시스템이 있다.

교사가 채점한 내부평가는 표본을 IB 본부가 재심도(moderation)하여 과도한 편차를 조정한다. 평가 기준은 전 세계적으로 통일되어 있으며, 다양한 지역과 문화의 교사들이 IB 채점관으로 참여해 전 지구적 기준의 신뢰성을 높인다.

IB는 이를 통해 '신뢰하되 검증한다(Trust but verify)'는 원칙을 교육 설계 전반에 구현한다. 신뢰는 감정이 아니라 구조라는 사실을, IB는 실천으로 보여준다.

결국 IB가 모든 수업과 평가의 기반에 신뢰를 둘 수 있었던 것은, 그 신뢰가 구조 속에 설계되어 있기 때문이다. 교사는 평가의 주체로서 신뢰받고, 학생은 탐구의 주체로서 존중받으며, 시스템은 이 신뢰가 흔들리지 않도록 뒷받침한다. IB가 보여준 것은 하나의 시스템이 아니라, 신뢰로 설계된 배움의 가능성이다.

기록과 신뢰, 교육의 구조가 되다

IB는 이러한 신뢰를 단지 이상으로 말하지 않는다. IB의 평가와 수업은 교사와 학생을 '신뢰할 수 있는 존재'로 전제하며 설계되어 있다. 예를 들어 IB에서는 교사가 평가를 직접 설계하고, 학생의 탐구 과정을 관찰하고, 자기 성찰 기록을 함께 읽으며 성장을 평가한다. 물론 그 평가 결과는 기준 중심 평가와 외부 검토 과정을 통해 검증된다. 즉 IB는 '신뢰할 수 있기 때문이 아니라, 신뢰하도록 설계했기 때문에' 신뢰를 말할 수 있는 것이다. 우리는 과정을 기록하고, 성장을 신뢰하며, 기록을 관리가 아닌 관계의 통로로 삼아야 한다.

[철학: 인간에 대한 신뢰]

↓

학생은 배움의 주체	교사는 평가의 설계자	시스템은 신뢰를 설계함

↓

[신뢰를 기반으로 한 제도적 장치]

↓

평가 기준 공유 (Criterion-based)	외부 검토 및 보정 시스템 (Moderation, Standardization)

↓

[공정성+자율성 확보]

↓

[성장을 중심으로 한 평가문화 정착]

↓

→ 교사는 전문성과 책임을 갖고 평가
→ 학생은 탐구와 성찰의 주체로 성장

IB는 신뢰를 감정이나 태도의 문제가 아니라, 제도와 구조의 문제로 본다. 교사에게 평가 설계와 채점의 권한을 주되, 공개된 평가 기준과 외부 검토 시스템을 통해 공정성을 확보한다.

학생은 스스로 질문하고 탐구하는 주체로 간주되며, 평가 결과에는 자기 성찰과 과정 중심의 기록도 반영된다. 즉 IB는 '신뢰할 수 있는 교육'을 위해 신뢰가 작동할 수밖에 없는 구조를 먼저 만든다. 우리는 과정을 기록하고, 성장을 신뢰하며, 기록을 관리가 아닌 관계의 통로로 삼아야 한다. 기록은 학생과 교사가 함께 성장의 흐름을 발견하는 대화가 되어야 한다. 이런 조건이 마련될 때, 우리는 IB를 넘어, 한국 교육 안에서 확장 가능한 변화를 실현할 수 있을 것이다.

기록	+	신뢰	→	성장의 흐름	→	확장된 교육
질문, 탐구, 실패의 흔적을 꾸준히 기록한다		학생의 가능성과 과정을 믿는다		배움의 과정이 의미 있게 축적된다		학생 주도성, 창의적 사고, 삶으로 이어지는 배움

이런 조건이 마련될 때, 우리는 배움의 흐름을 따라 교육의 본질을 회복할 수 있다. 기록과 신뢰는 단순한 방법론이 아니라, 학생의 삶과 성장을 존중하는 철학이다. 우리 안에 이미 시작된 가능성은, 그렇게 조금씩 확장되어 갈 것이다.

변화는 멀리 있지 않다. 가능성은 이미 우리 교실 안에 있다. 우리는 기록할 수 있다. 우리는 신뢰할 수 있다. 그리고 그 두 가지를 통해, 우리는 아이들의 배움을, 한국 교육의 가능성을, 진짜로 확장할 수 있다.

IB는 답이 아니다. IB는 거울이다. 그 거울을 통해 우리는 우리 안의 힘을 다시 발견해야 한다.

02

PART 02

렌즈를 바꾸다: IB로 보는 수업과 평가의 재구성

CHAPTER

04 IB 교육은 어떻게 배움을 조직하는가

멀리 있는 줄 알았다.
그런데 가까이 있었다.
교육의 방향이, 그렇게 만났다.

1. IB 교육과정(PYP-MYP-DP)의 개요

IB 교육과정의 철학적 기반과 학습자상

"좋은 교육이란 무엇인가?" 이 질문은 시대를 막론하고 교육자들의 가슴을 뛰게 해왔다. 성적을 잘 받는 아이, 문제를 빠르게 푸는 아이, 규칙을 잘 지키는 아이, 이 모든 모습이 '훌륭한 학생'의 기준이 될 수 있지만, IB 교육은 그 기준을 넘어선다. IB가 말하는 교육의 목적은 단순한 지식 전달이 아니라, 세계를 이해하고 변화를 이끄는 성숙한 시민을 길러내는 것이다. 예를 들어, IB 교육은 학생이 "우리는 무엇을, 왜, 어떻게 아는가?"를 질문하도록 이끈다. 이는 단순한 교과지식의 습득을 넘어선, 삶에 대한 이해를 구성하는 철학적 접근이다.

IB 교육과정은 단순한 지식 전달이 아닌, 학생이 세상을 바라보는 방식 자체를 변화시키는 것을 목표로 한다. 이 교육과정의 중심에 있는 IBO(International Baccalaureate Organization)는 다음과 같이 말한다. "We aim to develop inquiring, knowledgeable and caring young people who help to create a better and more peaceful world through intercultural understanding and respect." 즉 IB는 단순히 지식을 전달하는 것이 아니라 "탐구하는 태도와 지식을 통해 공동체에 기여할 수 있는 역량을 기른다"는 것을 강조한다.

이러한 철학은 OECD의 'Education 2030' 보고서에서 제시한 "변혁적 역량(transformative competencies)"과 연계되며, 최신 공교육 개혁 교육의 방향과 공통된다. OECD가 제안하는 세 가지 변혁적 역량은 새로운 가치 창출하기, 긴장과 딜레마 조정하기, 책임감 있게 행동하기를 뜻한다. 이러한 세 가지 역량은 IB의 학습자상(IB Learner Profile)과도 긴밀히 연결되며, IB는 "학생이 자신의 삶과 세계에 대해 주체적이고 비판적으로 성찰할 수 있도록 설계된 교육과정"임을 강조한다.

IB 학습자상은 IB 교육과정의 철학을 가장 상징적으로 보여주는 개념이다. 이는 '우리가 길러내고자 하는 인간상'을 10가지 성향으로 정리한 것으로, IB 교육을 받는 모든 학생이 이 성향들을 내면화하며 성장하길 바란다. 이 10가지는 각각 독립적으로 보이지만, 사실은 유기적으로 연결되어 있으며, 균형 잡힌 인격 형성을 목표로 한다.

실제로 다양한 국가에서 학습자상에 대한 연구가 진행되었다. 미국의 다양한 고등학교(공립, 국제학교, 종교계 학교)를 대상으로 한 질적 사례 연구에 따르면, 학습자상은 교사와 학생 모두에게 교육적 지향점을 제공하는 역할을 하고 있다. 교사들은 학습자상을 수업 설계와 평가 기준에 통합하며, 학생들은 이를 통해 자신이 어떤 역량을 개발해야 하는지에 대한 명확한 인식을 갖게 되었다. 특히, "탐구하는 사람(Inquirer)", "지식이 있는 사람(Knowledgeable)", "사고하는 사람(Thinker)", "의사소통하는 사람(Communicator)"과 같은 속성은 수업 활동과 평가에서 자주 강조되었고, 학생들은 이러한 속성을 통해 학습에 대한 주체성과 책임감을 키울 수 있었다.

> "교사들은 학습자상을 수업 설계와 평가 기준에 통합하며, 학생들은 이를 통해 자신이 어떤 역량을 개발해야 하는지에 대한 명확한 인식을 갖게 되었습니다."
>
> – *RMC Research Corporation, Case Studies of Learner Profile Implementation and Impact in the United States,* 2014.

튀르키예의 한 K-12 학교에서 진행된 연구에서는 교사들이 학습자상의 속성들 간의 상호 연관성을 어떻게 인식하고 있는지를 조사했다. 교사들은 "탐구하는 사람(Inquirer)" 속성을 가장 핵심적인 역량으로 보았고, 이를 중심으로 다른 속성들이 유기적으로 연결된다고 인식했다. 또한, 교사들은 학습자상이 수업의 방향성을 제시하고, 학생들의 전인적 성장을 지원하는 데 중요한 역할을 한다고 평가했다.

> "교사들은 탐구하는 사람을 가장 핵심적인 인간상으로 뽑았습니다."
>
> — Keser, Altan & Lane (2022). *Learner Profile Attributes in IB Teaching: Insights from a Continuum School in Turkey.*

중국 상하이의 한 국제학교에서 진행된 사례 연구에서는, 미술 교사인 소피가 학습자상을 어떻게 수업에 통합했는지를 탐구하였다. 이 연구는 학습자상을 단순한 문서상의 지침이 아닌, 교사와 학생이 함께 만들어가는 '살아있는 프로파일'로 접근하는 것이 중요하다는 점을 강조한다. 소피는 수업에서 학생들이 자신의 작품에 대해 성찰하고, 다양한 문화적 관점을 탐구하며, 창의적으로 표현할 수 있도록 유도함으로써 학습자상의 속성들을 자연스럽게 체득하게 했다.

> "소피는 수업에서 학생들이 자신의 작품에 대해 성찰하고, 다양한 문화적 관점을 탐구하며, 창의적으로 표현할 수 있도록 유도함으로써 학습자상의 속성들을 자연스럽게 체득하게 했습니다."
>
> — *Poole, A. (2017). Interpreting and Implementing the IB Learner Profile in an Internationalised School in China: A Shift of Focus from the 'Profile as Text' to the 'Lived Profile'.*

IB의 학습자상은 위와 같이 10가지 특성으로 구성되어 있으며, 이러한 특성들은 OECD의 3가지 변혁적 역량과 긴밀하게 연결되어 있다.

- 새로운 가치 창출하기 ↔ 탐구하는 사람(Inquirers), 사고하는 사람(Thinkers), 지식이 풍부한 사람(Knowledgeable) 학생들이 창의적이고 비판적인 사고를 통해 새로운 아이디어와 지식을 탐구하고 생성하는 능력과 연관된다.
- 긴장과 딜레마 조정하기 ↔ 소통하는 사람(Communicators), 마음이 열린 사람(Open-minded), 균형 잡힌 사람(Balanced) 다양한 관점을 이해하고 존중하며, 갈등 상황에서 효과적으로 소통하고 균형을 유지하는 능력과 관련이 있다.
- 책임감 있게 행동하기 ↔ 원칙을 지키는 사람(Principled), 배려하는 사람(Caring), 성찰하는 사람(Reflective) 윤리적 기준을 준수하고, 타인과 공동체에 대한 배려를 실천하며, 자신의 행동을 성찰하는 능력이다.

이러한 대응 관계는 IB 학습자상이 OECD가 제시하는 미래 교육의 방향성과 일치함을 보여준다.

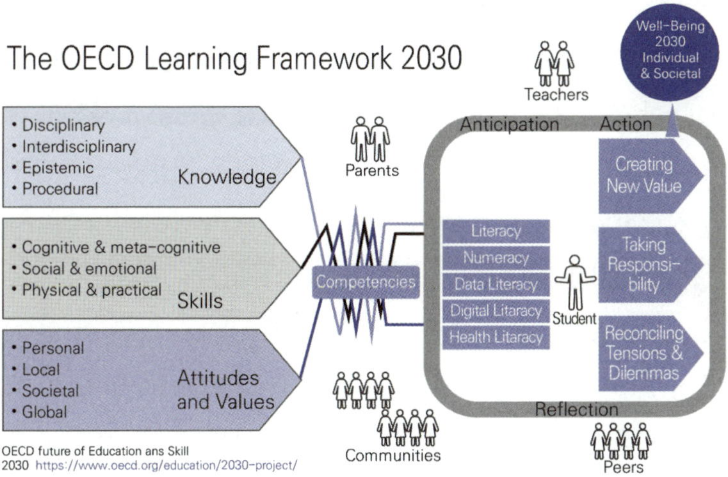

OECD future of Education ans Skill 2030 https://www.oecd.org/education/2030-project/

각 프로그램(PYP-MYP-DP)의 구조와 특징

PYP(Primary Years Programme)는 만 3세부터 12세까지의 아동을 대상으로 하며, 6개의 초학문적 주제(transdisciplinary themes)를 중심으로 교육과정이 운영된다. 이 주제들은 다음과 같다.

> Who we are, Where we are in place and time, How the world works, How we express ourselves. How we organize ourselves, Sharing the planet.

각 주제는 중심 아이디어, 탐구 질문, 개념어, 관련 기술과 태도 등과 함께 통합적 수업으로 설계된다. "학습자의 흥미와 삶의 맥락을 반영해 수업이 시작되며, 탐구 중심 학습을 통해 자기주도적 사고와 표현을 길러준다."

뉴질랜드의 한 공립 초등학교에서는 '지속 가능한 환경'을 주제로 한 유닛에서 학생들이 지역 하천 오염 문제를 조사하고 해결 방안을 제안하며 탐구 주체로서의 역량을 기르는 프로그램을 진행하였다.

MYP(Middle Years Programme)는 11세부터 16세까지의 중학생을 대상으로 하며, "글로벌 콘텍스트(Global Context)와 개념 중심 교육을 핵심 축으로 한다"(KBB_SCHOLAR_IB MYP 학교 교육적 실행 양상과 과제). 예를 들어, 정체성과 관계, 지속가능성, 시간과 공간의 위치 등의 콘텍스트를 기반으로 각 교과 수업이 설계된다. MYP의 모든 과목은 루브릭에 따라 평가되며,

각 평가 기준은 A~D로 구성된다. 루브릭은 명확한 성취기술 진술을 통해 수행 수준을 제시하고, 교사와 학생 모두에게 피드백 도구로 활용된다. 그 예시로 미국 공립학교 교사들은 인권, 도시화, 환경 등 글로벌 맥락을 기반으로 MYP 단원을 설계하고, 학생들은 이를 바탕으로 지역사회 문제 해결 프로젝트를 수행하였다.

DP(Diploma Programme)는 16세부터 19세의 고등학생을 대상으로 하며, 6개 과목군과 핵심요소(TOK, EE, CAS)로 구성된다. TOK(Theory of Knowledge)는 "지식의 본질을 탐구하는 과목으로 비판적 사고를 길러주며", EE(Extended Essay)는 자율적인 연구 에세이를 통해 학문적 깊이를 확장하도록 설계되며, CAS는 창의성-활동-봉사를 통해 전인적 성장 기회를 제공한다(IB 교육과정이 우리나라 고등학교 선택중심 교육과정의 편성과 운영에 주는 시사점 탐색). 학생은 HL/SL로 과목 난이도를 조절하며, "과정 기반 평가와 국제적으로 검증된 외부 평가가 함께 운영된다"는 점에서 공정성과 신뢰도를 모두 추구한다(한국사회에서 IB 교육과 대학입시의 연계).

DP의 예시로는 튀르키예 내 여섯 개 DP 학교에서 CAS 활동을 통해 학생들이 자발적으로 봉사활동과 문화 프로젝트를 기획・실행하며 성찰 능력과 사회적 책임감을 길러갔다.

이 세 가지 프로그램의 핵심을 표로 비교하면 다음과 같다.

구분	PYP(Primary Years Programme)	MYP(Middle Years Programme)	DP(Diploma Programme)
대상 연령	만 3세~12세(유치원~초등학교 6학년)	만 11세~16세(중학교 1학년~고등학교 1학년)	만 16세~19세(고등학교 2~3학년)
교육 철학	전인교육, 학습자 주체성, 탐구 중심 수업	자기주도적 탐구, 실제 맥락 기반 의미 구성	지적 심화, 메타인지, 국제 이해와 윤리적 책임
핵심 개념 구조	6개 초학문적 주제, 핵심 · 관련 개념+탐구 질문 중심	8개 교과+핵심 · 관련 개념+글로벌 맥락	6개 과목군+EE, TOK, CAS 핵심요소 통합
평가 방식	교사 기반 질적 평가, 루브릭+포트폴리오, 성찰 중심	기준중심 평가(Criteria-based), 수행 과제 중심, 루브릭 활용	내부 · 외부 평가 병행, 고차 사고 중심, EE · TOK · 구술 평가 포함

이러한 IB 교육을 단지 '국제적 커리큘럼'이나 '대입을 위한 프로그램'으로만 이해한다면, 그것은 눈에 보이는 표면만을 본 것에 불과하다. IB는 단순한 교육과정이 아니다. 어떤 인간을 길러낼 것인가, 교육은 무엇을 지향해야 하는가라는 근본적 물음에 대한 철학적 응답이다. 그 바탕에는 인간 중심의 전인교육(Holistic Education), 국제 이해와 평화, 그리고 탐구 중심의 학습철학이 자리 잡고 있다. 이에 대해 자세히 살펴보려고 한다.

첫 번째로, 전인교육은 IB 교육은 학생을 점수로 평가되는 존재가 아니라, 지적 · 정서적 · 윤리적 · 신체적으로 조화로운 존재로 바라본다. 지식은 중요하지만 그것이 전부가 아니며, 그 지식이 삶과 어떻게 연결되는지, 공동체에 어떤 가치를 더할 수 있는지까지 함께 고민하게 한다. 교육은 곧 인간됨을 성숙시키는 과정이라는 점에서, IB는 인간을 온전히 이해하는 교육을 지향한다.

두 번째로 국제적 이해와 평화교육이 있다. IB가 탄생한 배경을 살펴보면, 1960년대 세계는 전쟁의 상처와 냉전의 갈등 속에서 교육의 새로운 역할을 요구받고 있었다. 특히 서로 다른 국가의 학생들이 이동하며 배우는 국제학교들 사이에서는 국가와 언어, 문화의 벽을 넘는 교육이 필요했다. 그리하여 IB는 교육을 통해 세계 시민적 태도(global citizenship)와 국제적마인드(international-mindedness)를 기르는 것을 핵심 목표로 설정했다.

세 번째로 구성주의 기반의 학습 이론이다. IB는 학습을 교사의 일방적 지식 전달이 아니라, 학생이 능동적으로 의미를 구성해 가는 과정으로 본다. 피아제(Jean Piaget), 브루너(Jerome Bruner), 비고츠키(Lev Vygotsky)와 같은 구성주의 심리학자들의 이론이 IB 교육 철학에 큰 영향을 주었다. 이 철학은 수업 안에서 '탐구 중심 학습(inquiry-based learning)'으로 구현된다. 교사는 지식을 가르치는 사람이라기보다, 학생이 스스로 배우도록 길을 안내하는 촉진자(facilitator) 역할을 수행한다. 질문, 토론, 프로젝트, 자기 주도적 학습 등 다양한 학습 전략들이 이 기반 위에서 운영된다.

네 번째로 개념기반 탐구학습의 실천이다. IB는 단편 지식의 암기보다는 큰 개념을 이해하고, 이를 새로운 상황에 적용할 수 있는 사고 능력을 중시한다. '지식'을 넘어서 '이해'에 도달하게 하고, 표면적 사실 너머의 원리, 패턴, 관계를 보도록 이끄는 방식이다. 이는 하위 주제들을 통합하는 상위 개념(big ideas)을 중심으로 교육과정을 설계하는 방식이며, 탐구와 연결되어 전이 가능한 이해를 추구한다. 이러한 교육은 복잡한 세상에서 단일한 정답이 아닌, 여러 해석과 다양한 접근을 허용하는 사고 능력을 길러준다.

다섯 번째로, 성찰과 메타인지를 강조하는 것이다. IB 교육에서 학생들은 단지 학습 내용을 암기하는 것이 아니라, 왜 그렇게 생각하였는지 혹은 다른 방법은 없었는지 등의 메타인지적 질문을 던진다. 자기자신을 돌아보고 성장의 방향을 정하는 자기 성찰의 과정으로 나아가는 질문이다.

교육과정-수업-평가의 연계성

"나는 오늘 얼마나 배웠는가?", "어제의 나와 오늘의 나는 어떻게 달라졌는가?"

이 질문은 전통적인 시험으로는 답할 수 없다. 하지만 IB 교육에서는 이 질문이야말로 진정한 평가의 출발점이다. 평가란 성적표에 기록되는 숫자가 아니라, 한 학습자가 배우고, 실천하고, 성찰하며 성장해 가는 여정의 기록이기 때문이다. IB 교육은 이처럼 성장을 중심에 둔 평가를 실현하기 위해 두 가지 강력한 도구를 사용한다. 바로 루브릭(Rubric)과 포트폴리오(Portfolio)다. 이 두 가지는 IB 교육의 철학이 교실 안에서 구체적으로 구현되는 방식이자, 학생이 자신만의 배움의 언어를 갖추는 창문이기도 하다.

IB는 "교육과정, 수업, 평가가 하나의 구조로 통합되어 작동하는 시스템"이다(이해 중심의 수업 혁신을 위한 백워드 설계와 IB 교육과정의 통합 방안 탐구). 이를 위해 Backward Design

(역방향 설계)이 활용되며, 이는 목표 설정 → 평가 도구 설계 → 학습 활동 순으로 수업을 계획하는 구조다. 모든 평가에서는 "지식을 얼마나 암기했는가가 아니라, 개념을 얼마나 이해하고 적용했는가를 측정한다"는 원칙이 강조된다.

예를 들어, PYP에서는 단원별 학습 포트폴리오와 자기 성찰을 평가 도구로 활용하고, MYP에서는 루브릭 기반 평가를 통해 기준에 맞는 수행 결과를 분석한다. 평가의 결과는 단순한 점수가 아니라 "성장의 증거로서 피드백이 제공되는 과정 중심 평가"이다.

서울의 한 MYP 학교에서는 영어 수업에서 Shakespeare 작품을 분석하며 현대 사회 문제와 연결짓는 프로젝트를 운영한다. 이때 학생은 자신이 구성한 에세이, 동료 피드백, 교사 평가를 종합한 루브릭 평가표를 기반으로 자기 성찰 보고서를 작성한다. 이처럼 "IB의 평가는 결과가 아닌 가능성을 여는 장치로 작동한다."

루브릭은 학생의 수행을 설명하는 평가 기준표로, IB에서는 이를 모든 과목과 학년에 걸쳐 활용한다. 예를 들어 언어와 문학 수업에서 루브릭은 분석 능력, 조직력, 문체 표현력 같은 요소를 각각 독립된 기준으로 나누어 설명한다. 이때 학생은 단지 점수로만 평가받는 것이 아니라, 자신의 글이 어느 수준에 있는지, 다음 단계로 나아가기 위해 어떤 부분을 보완해야 하는지를 구체적으로 이해할 수 있다. 더불어 루브릭은 학습이 시작되기 전에 미리 학생과 공유되므로, 학습 목표와 기대 수준을 미리 인식하고 스스로 학습 전략을 세우는 데에도 활용된다. 평가가 단순한 결과 확인이 아니라, 학습의 방향을 함께 설정하는 과정으로 자리 잡는 것이다. 실제 예시로 International Baccalaureate Organization에서 발표한 MYP: Language and Literature guide에 따르면 MYP 언어와 문학－기준 A: 분석(Analyzing)에 대해 다음과 같이 루브릭을 설계할 수 있다.

성취 수준	설명
7~8점	• 텍스트의 내용, 맥락, 언어, 구조, 기법, 스타일을 **깊이 있게 분석함** • 텍스트 간의 연결을 명확히 설명함 • 창작자의 선택이 청중에게 미치는 영향을 **통찰력 있게 설명함** • **다양한 예시와 설명으로 의견 정당화, 정확한 용어 사용** • **장르 및 텍스트 간 특징을 통찰력 있게 비교 · 대조함**
5~6점	• 텍스트 요소들을 **충분히 분석**함 • 텍스트 간 관계를 **명확히 설명**함 • 창작자의 선택이 청중에게 미치는 영향을 **설명**함 • **예시와 설명으로 의견 정당화, 용어를 정확히 사용**함 • **장르 및 텍스트 간 특징을 비교 · 대조**함
3~4점	• 텍스트 요소들을 **적절히 분석**함 • 텍스트 간 관계를 **일부 설명**함 • 창작자의 선택이 청중에게 미치는 영향을 **일부 설명**함 • **일부 예시와 설명으로 의견 정당화, 일부 정확한 용어 사용** • **장르 및 텍스트 간 특징을 일부 비교 · 대조함**
1~2점	• 텍스트 요소들을 **제한적으로 분석**함 • 텍스트 간 관계를 **거의 설명하지 못함** • 창작자의 선택이 청중에게 미치는 영향을 **제한적으로 설명**함 • **제한된 예시와 설명, 용어 사용도 제한적** • **특징 비교 · 대조가 제한적임**
0점	• 평가 기준에 **도달하지 못함** 또는 **응답 없음**

포트폴리오는 또 다른 의미에서 IB 교육의 평가 철학을 실현하는 도구다. 이는 학생의 학습 결과물, 성찰, 피드백 등을 시간의 흐름에 따라 축적한 기록물로, 말 그대로 한 명의 학습자가 어떻게 배워왔는지를 보여주는 성장의 서사라고 할 수 있다. 특히 초등 단계인 PYP에서는 학생이 자신의 학습자상 실천 모습을 정리하는 데 포트폴리오를 활용한다. 예를 들어 '탐구하는 사람'으로서 스스로 세운 질문과 탐색 과정 등이 사진, 글, 그림, 발표 자료 등의 형태로 저장된다. 이 과정을 통해 학생은 자신의 학습을 단절된 단위가 아닌 연속된 흐름 속에서 바라보게 되며, 교사는 학생의 성장을 보다 입체적으로 이해하고 개별화된 피드백을 제공할 수 있다.

루브릭과 포트폴리오는 모두 공통적으로 학생의 자기주도성을 강조하며, 학습을 외부로부터 주어진 과제가 아닌 내면의 변화로 인식하게 한다. 루브릭은 학습 목표를 명확히 하며 과정 중심의 사고를 유도하고, 포트폴리오는 그 사고와 실천의 흔적을 담아냄으로써 학습을 개인화하고 맥락화하는 역할을 한다. 두 도구 모두 IB의 평가가 얼마나 교육적인가를 보여주는 대표적인 사례이며, 궁극적으로 점수가 아닌 성장을 기록하려는 평가의 본질로 우리를 이끈다. 그 안에는 학생이 누구인지, 무엇을 배우고 있는지, 앞으로 어떤 사람으로 자라날 수 있는지를 함께 질문하고 탐색하려는 교육의 깊은 의도가 자리하고 있다.

두 평가 도구를 비교하면 다음과 같다.

구분	루브릭(Rubric)	포트폴리오(Portfolio)
기능	평가 기준 제공, 수행 수준 명확화, 피드백 구조화	학습 과정과 결과물의 축적, 자기 성찰 및 성장 기록
학생의 역할	수행 기준을 바탕으로 자기 평가 및 목표 설정, 피드백 수용	학습 과정을 기록하고 스스로 의미화, 성찰을 통해 성장 궤적을 인식
교사의 활용	학습 전 수행 기대치를 안내하고, 평가 시 구체적 피드백 제공	학생의 성장 과정을 이해하고, 개별화된 피드백 및 상담에 활용
적용 시점	학습 전(기대치 안내), 학습 중(피드백), 학습 후(성과 평가)	학습 전반(단원별, 학기별, 연간), 지속적 누적 과정 중심
평가 관점	특정 과제나 활동의 수행 수준 판단(기준 중심)	시간 흐름에 따른 전인적 변화와 성찰 추적(과정 중심)
형식	평가 기준표(성취 수준별 서술 중심), 과제와 직접 연결	학생 작업물, 반성문, 자기 평가, 교사 피드백 등 다양한 형식 포함
IB 프로그램 내 사례	MYP 과목별 기준 평가, DP의 TOK · EE · 내부평가 과제에 사용	PYP 학생 탐구 과정 기록, CAS 활동 기록, 학습자상 실천 사례 등 광범위 활용

CHAPTER

05 2022 개정 교육과정과 닮은 점은 무엇인가

멀리 있는 줄 알았다.
그런데 가까이 있었다.
교육의 방향이, 그렇게 만났다.

1. 닮은 듯 다른 길 위에서: IB와 한국 교육과정의 설계 철학을 들여다보다

한국의 공교육이 새로운 길을 모색하고 있다. 창의성과 자기주도성, 그리고 통합적 사고력은 더 이상 선택의 문제가 아니다. 이는 전 세계 교육이 요구하는 핵심 역량이며, 우리나라 역시 2022 개정 교육과정을 통해 이를 반영하고자 하였다. 흥미로운 점은, 이러한 방향성이 다름 아닌 국제 바칼로레아(IB) 교육과정과 본질적인 공통점을 지닌다는 데 있다.

이는 단지 국내 교육의 방향 전환이 아니라, 국제사회가 함께 지향하는 교육적 전환과 맥을 같이한다는 점에서 더욱 주목할 만하다.

OECD Education 2030 프레임워크는 미래 사회에 필요한 역량으로 '창의성', '비판적 사고', '자기주도적 학습', '사회적 책임감' 등을 제시하고 있으며, PISA 2025 개편안 또한 기존의 지식 중심 평가에서 벗어나 '학습자 역량 중심 평가'로 나아가고 있다.

이러한 국제적 흐름 속에서, IB 교육과정이 강조해 온 전인적 교육과 핵심 역량 중심 교육은 단순한 대안이 아닌, 글로벌 교육의 미래를 함께 모색하는 실질적 모델로서 더욱 각광받고 있다.

IB 교육이 지닌 핵심은 학생 중심, 개념 기반, 통합적 사고, 그리고 평가의 질적 전환에 있으며, 이는 한국 교육이 그간 놓쳐왔던 본질과도 맞닿아 있다. 우리 교육은 이미 IB와 유사한 방향으로 나아가고 있지만, 교육과정의 구조적 설계와 실행 체계, 그리고 질 관리 수준에서는 여전히 큰 간극이 존재한다. 이 간극을 어떻게 좁혀 나갈 것인가가 바로, 한국 공교육 정상화를 위한 중요한 과제가 될 것이다.

IB와 2022 개정 교육과정은 모두 전인적 인간 육성을 지향하며, 역량 중심 교육을 핵심에 둔다. 그러나 두 교육과정은 운영 방식에서 본질적으로 다르다. IB는 국가별 교육과정을 포괄할 수 있는 유연한 프레임워크를 제공하며, 각 학교가 자체적으로 교육과정을 재구성할 수 있도록 자율권을 폭넓게 보장한다.

실제로 IB의 'Programme Standards and Practices(2020)'에서는 "각 학습 공동체는 지역 맥락과 학습자의 필요에 맞춰 교육과정을 설계할 수 있는 유연성과 책임을 갖는다"고 명시하고 있으며, PYP, MYP, DP 각 과정의 설계 문서에서도 학교 차원의 교육과정 조정권한과 교사 전문성에 기반한 설계 자율성을 강조하고 있다.

반면, 한국의 교육과정은 국가가 설계한 성취기준과 시수를 중심으로 운영되며, 학교와 교사의 자율성은 제한적으로 부여된다.

이 차이는 단순히 '누가 교육과정을 설계하는가'의 문제가 아니다. 그것은 곧 수업의 철학과 방법, 평가의 구조, 교사의 전문성 발휘 방식, 나아가 학생의 학습 경험 전반을 결정짓는다. IB는 탐구진술문과 핵심 개념, 학습 접근법(ATL) 등 구체적인 도구를 통해 교사가 교육과정을 주도적으로 설계할 수 있도록 한다. 교사는 그 과정에서 학습 촉진자로 기능하며, 학생은 스스로 질문하고 탐색하며 개념을 재구성하는 주체가 된다.

반면, 2022 개정 교육과정은 탐구 중심 수업과 과정 중심 평가를 강조하고 있음에도 불구하고, 여전히 '성취기준 충족'이라는 규범 안에서 움직인다. 교사는 국가가 설정한 틀 내에서 수업을 계획하고 평가를 설계해야 하며, 자율적 재구성과 실험이 허용되는 범위는 극히 제한적이다. 이것은 창의적 교수학습의 지속가능성을 저해하는 요인이 될 수도 있다.

비록 기존 교육과정에는 한계가 있으나, 한국 교육계는 이를 극복하기 위한 다양한 변화를 시도하고 있다. 교과 간 연계 단원의 확대, 고교학점제 도입, 진로 연계 수업 등은 교육의 유연성과 융합성을 높이기 위한 시도이며, 이는 IB의 통합적 접근과 닮아 있는 지점이다. 예를 들어, 고교학점제 시범 운영 학교에서는 학생이 진로에 따라 과목을 선택하고, 이를 토대로 프로젝트 기반 융합 수업을 설계하는 사례가 나타나고 있다. 또한, '통합사회+통합과학'을 결합한 프로젝트 수업, 중학교 진로설계 시간에 고등학교 교과와 연계한 학습 모형 적용, 디지털·미디어 리터러시를 중심으로 국어・기술・예술을 넘나드는 융합 수업 운영 등은 IB가 강조하는 '실생활 맥락 속 학습' 및 '교과 간 통합 학습'과 본질적으로 상통한다.

이러한 흐름은 아직 초기 단계이지만, 분명히 우리나라 국가 교육과정이 더 개방적이고 학습자 중심적인 방향으로 나아가고 있음을 보여주는 징후이다.

그럼에도 아직 구조적 전환에는 도달하지 못했다. IB는 학교 단위에서 초학문적 통합을 제도적으로 가능하게 만들고, 교사가 교과의 경계를 넘나들며 문제 중심 학습(inquiry-based, problem-based learning)을 설계할 수 있도록 체계적인 지원을 제공한다. 예를 들어, IB PYP(Primary Years Programme)에서는 '지구촌 시민성', '지속 가능성' 같은 거시적 주제를 중심으로 과학, 언어, 사회, 예술을 통합한 수업이 기본 설계 원칙이며, 평가 역시 통합 과제 중심으로 구성된다. IB의 공식 문서(IB PYP: From Principles into Practice)는 이를 "transdisciplinary"라고 표현하며, 교과가 아닌 문제 중심 사고를 그 중심에 놓는다.

반면, 2022 개정 교육과정은 여전히 교과 중심의 틀을 유지하고 있으며, 통합은 '가능한 한 시도'로 머물러 있다. 예를 들어, 통합사회와 통합과학을 결합한 프로젝트형 수업이 일부 시범학교에서 운영되었지만, 이는 정규 교육과정 내의 제도화된 통합이 아니라 교사 개인의 자발적 시도나 학교 단위의 실험적 운영에 머무는 경우가 대부분이다.

2022 교육과정은 2025년에 처음으로 본격적으로 시행되었기 때문에, 그 성과를 평가하기에는 아직 이른 시점이다. 다만, 교

육과정을 개발하는 과정에서 다양한 실천적 시도들이 점차 이루어졌으며, 그중 하나로 통합 수업에 대한 실험이 있었다. 예를 들어, 실제 고등학교 현장에서는 '기후변화'를 주제로 통합사회와 과학 교과 간 공동 수업이 이루어진 사례도 있었다. 그러나 해당 수업은 교과 시수를 분리해야 하는 행정적 제약과 성취기준 중심의 평가 체계로 인해 지속적으로 운영되기 어려운 한계를 드러냈다(한국교육과정평가원, 2023).

한국교육과정 평가원 자료를 조금 더 자세히 살펴보면 다음과 같다.

고등학교 융합 수업에서 '기후변화'를 주제로 통합사회와 과학 교과를 결합한 공동 수업이 운영된 바 있다. 이 수업은 학생들이 환경 문제에 대한 다각적 시각을 기르도록 설계되었으며, IB 교육과정이 추구하는 통합적이고 실생활 중심의 학습과 유사한 접근이었다. 그러나 이러한 시도는 제도적 한계로 인해 지속 가능성이 낮은 것으로 평가되었다.

첫 번째 제약은 행정적인 구조의 경직성이다. 한국의 국가 교육과정은 교과별로 정해진 수업 시수를 엄격히 따르도록 되어 있으며, 이를 탄력적으로 조정하는 것은 행정적으로 어려운 상황이다. 예컨대, 사회와 과학의 시수를 통합하거나 융합 수업을 위해 재편성하려는 시도는 복잡한 행정 절차와 승인을 필요로 하며, 교사와 학교 차원에서의 유연한 편성이 어려운 것이 현실이다.

두 번째로는 성취기준 기반 평가 체계의 압박이 있다. 현재의 교육과정에서는 각 교과에 대해 세부적인 성취기준이 설정되어 있으며, 이 기준에 따라 평가와 성적 산출이 이루어진다. 교사들이 교과 간 통합 수업을 설계하더라도, 평가 기준이 각각의 교과에 고정되어 있어 이를 하나의 융합 수업으로 묶어 운영하고 성취를 평가하는 데 현실적인 어려움이 따른다. 결국 교사는 원래의 교과 성취기준을 따르기 위해 다시 분리된 방식으로 평가를 구성해야 하며, 이는 융합 수업의 본래 목적과 배치된다.

이와 같은 구조적 제약 속에서 해당 융합 수업은 교사들의 자발적인 노력에 의해 운영되었지만, 장기적으로 유지되기 어려운 실험적 사례로 남게 되었다. 한국교육과정평가원이 2023년에 발행한 자체평가 결과보고서에서도 이러한 제도적 한계를 언급하며, 창의적이고 융합적인 수업을 제도화하고 지속 가능하게 만들기 위해서는 국가 차원의 교육과정 구조 개편과 행정적 유연성 확보가 필요하다고 지적하고 있다.

이 사례는 한국 교육이 점진적으로 변화의 가능성을 보여주고는 있으나, IB와 같은 구조적 통합 모델에 비해 여전히 제도적 기반이 부족하다는 점을 잘 보여준다.

결국 IB는 통합이 구조의 일부로 내재된 반면, 한국 교육은 통합이 외부적 시도에 의존하는 한시적 실험에 가까운 셈이다.

다음 부분에서는 이러한 차이가 실제 수업 설계, 평가 체계, 교사 역할, 학생 역량 함양 방식에 어떤 영향을 미치는지 구체적으로 비교하고, 우리가 무엇을 어떻게 도입해야 하는지 살펴 보고자 한다.

교실에서 벌어지는 차이: 수업, 평가, 그리고 교육의 주체

교육과정의 설계 철학은 결국 교실 수업에서 구현된다. 어떤 철학이 담겨 있느냐에 따라 수업의 구조, 교사의 역할, 학생의 참여 방식은 완전히 달라진다. IB와 한국의 2022 개정 교육과정은 모두 학생 중심, 탐구 중심, 과정 중심 수업을 지향한다고 선언하고 있다. 그러나 실제 적용 방식과 실행 수준에서는 다소 차이를 보인다.

교사의 자율성과 전문성

IB 교육과정의 가장 큰 특징 중 하나는 교사에게 주어진 자율성이다. IB는 각 학교가 자율적으로 교육과정을 재구성할 수 있는 프레임워크를 제공할 뿐 아니라, 교사가 탐구 진술문과 평가기준까지 설계하는 주체가 된다. 수업과정은 교사와 학생이 함께 만드는 탐색의 장이며, 교사는 지식 전달자가 아니라 학습 촉진자로 기능한다.

반면 2022 개정 교육과정에서 교사는 여전히 '준수자'에 가깝다. 성취기준과 시수가 엄격히 설정되어 있으며, 교과서와 교육과정 문서를 기반으로 수업을 설계해야 한다. 교사의 창의성과 교육 철학이 반영될 여지는 있지만, 그것이 구조적으로 보장되는 수준은 아니다.

항목	IB 교육과정	2022 개정 교육과정
교사 역할	탐구 촉진자, 설계자, 평가자	국가 기준 준수자, 수업 실행자
교육과정 설계권한	학교·교사 중심의 자율 설계	국가가 제공, 제한적 자율성
전문성 개발	국제 연수, 교육 공동체 운영, 자율 설계 지원	교과 연수 확대 시도 중, 여전히 하향식 접근

수업의 구조와 학생의 역할

IB는 초학문적 통합과 개념 중심의 수업을 통해 학생 스스로 질문을 던지고 문제를 정의하며, 실생활 맥락에서 배움을 구성하도록 설계되어 있다. 여기서 초학문적 통합이란, 고정된 교과 경계를 넘어서 실제 삶의 문제를 중심으로 언어, 수학, 과학 등 모든 교과가 하나의 주제 안에서 통합적으로 연결되는 학습 방식이다. 예를 들어 IB PYP의 한 단원에서는 '여름 생물과 인간의 공존'을 주제로 과학, 건강, 사회 영역이 통합되어 탐구되며, MYP에서는 매 학년 2개 이상의 간학문적 단원(interdisciplinary unit)을 통해 과학-디자인, 역사-문학 등 교과 간 연결을 구현한다. 이러한 수업은 프로젝트, 프레젠테이션, 토론, 실험 등 다양한 방식으로 진행되며, 교과 간 경계를 허물고 주제를 중심으로 학습이 구성된다.

2022 개정 교육과정은 교과서 중심 수업에서 벗어나려는 노력을 지속하고 있으며, 교과 간 연계 단원이나 진로 연계 프로젝트 수업 등 다양한 시도가 이뤄지고 있다. 그러나 구조적 장벽은 여전하다. 교과 시수나 평가 방식, 입시 중심 평가 구조 등이 여

전히 창의적 수업의 확대를 가로막고 있다.

항목	IB 교육과정	2022 개정 교육과정
수업 방식	개념 기반, 탐구 중심, 초학문적 통합	핵심 아이디어 기반, 제한적 교과 연계
학습자 역할	질문하는 자, 지식 창조자, 협업자	학습자 중심 강화 시도 중이나 여전히 수동적 수용자적 역할이 많음
수업 흐름	주제 → 탐구진술문 → 활동 설계 → 성찰 반복 구조	목표 → 성취기준 → 수업 → 평가의 선형 구조

2022 개정 교육과정은 '교과 간 연계와 통합'을 추구한다고 명시하고 있으나, 실제로는 각 교과의 성취기준을 충족시키는 것이 우선이며, 교사와 학교의 자율적 설계에 전적으로 의존하는 구조를 가지고 있다. 이러한 구조로 인해 수업 현장에서는 단편적인 주제 연계나 프로젝트 학습을 통해 제한적으로만 교과 통합이 이루어지는 경우가 많으며, IB처럼 구조적으로 통합이 내재화된 교육과정과는 본질적으로 구분된다.

이러한 배경에서 2022 개정 교육과정은 교과별로 분절된 수업 구조를 유지하게 되며, 초학문적 통합을 실현하기 어려운 제도적 장치로 작용한다. IB가 중심 아이디어(Central Idea)와 탐구 질문(Inquiry Questions)을 통해 주제 중심의 탐구로 교과를 유기적으로 연결하는 것과 달리, 한국 교육과정은 성취기준 기반의 단원 설계로 인해 융합적 수업 설계를 구조적으로 수용하기 어렵다.

또한 2022 개정 교육과정은 안전, 진로, 민주시민, 인권, 환경

등 10개의 범교과 학습 주제를 제시하고 있으나, 이들이 개별 교과와 어떻게 유기적으로 연결되어야 하는지에 대한 구체적인 지도 지침이나 단원 설계 예시는 부족한 실정이다. 이와 같은 점에서 2022 개정 교육과정은 교과 간 연계가 제한적으로만 가능하다는 평가를 받는다.

평가: 점수에서 성장으로

IB 교육과정과 2022 개정 교육과정의 가장 뚜렷한 차이 중 하나는 평가다. IB는 절대평가를 기본으로 하며, 학생의 수행과정과 사고력, 창의성을 중시한다. 프로젝트, 보고서, 발표 등 다양한 형식의 평가가 활용되며, 내부 평가와 외부 평가가 조화를 이루어 신뢰도를 확보한다. 점수보다 학습자 개인의 성장에 초점이 맞춰져 있다.

한국의 2022 개정 교육과정은 과정 중심 평가 확대를 시도하고 있지만, 대학입시와 내신 등급 체계라는 현실적 한계로 인해 여전히 결과 중심, 상대평가 중심의 구조에서 크게 벗어나지 못하고 있다. 서술형·수행형 평가의 비중은 높아지고 있으나, 평가의 철학적 전환은 아직 갈 길이 멀다.

항목	IB 교육과정	2022 개정 교육과정
평가 철학	절대평가, 성장 중심 평가	성취기준 기반 평가+ 상대평가 혼용
평가 방식	수행과제, 논서술형, 프레젠테이션 등 다양한 방식	서술형·수행평가 확대 중이나 시험 중심 구조 지속

항목	IB 교육과정	2022 개정 교육과정
평가 운영 구조	국제 기준의 외부 평가+ 교사 주도 내부 평가 병행	학교 주도의 내신 평가+ 수능 중심의 외부 평가 구조

IB는 루브릭 기반 평가와 포트폴리오를 통해 학습과 평가를 통합하고, 학생 스스로 자신의 학습 과정을 기록하고 성찰하도록 설계되어 있다. 그러나 2022 개정 교육과정은 여전히 지필평가 중심 구조에 머물러 있고, 형성평가 역시 성적 산출의 수단으로 활용되어 학생에게 자기성찰이 아닌 점수획득의 도구로 인식된다. 포트폴리오나 자기평가는 권장사항일 뿐, 교사 연수나 시간 구조, 제도적 지원이 부족하여 현장 실행력이 매우 낮다. 결과적으로, 학생은 평가 과정에서 능동적 주체가 아니라 수용적 응시자로 남게 된다.

결론적으로, IB는 학습자가 평가의 대상이 아니라 자기 학습의 주체로 성장할 수 있도록 설계된 구조적·철학적 기반을 갖추고 있다. 반면 2022 개정 교육과정은 교육철학과 평가 구조가 불일치하며, 실질적 주도성을 보장하지 못하는 체제에 머물러 있다. 이 차이는 단순한 평가 방식의 문제가 아니라, 교육과정 설계의 철학과 실천 메커니즘의 차이로 이해되어야 한다. 평가에 대한 자세한 사항은 다음 장에서 더 구체적으로 다루도록 하겠다.

학생 역량의 함양 방식

IB 교육과정과 2022 개정 교육과정은 모두 학생 중심의 역량 교육을 지향한다는 점에서 철학적으로 중요한 공통점을 지닌다. 두 교육과정 모두 단편적 지식 전달을 넘어, 미래 사회에 필요한 사고력, 자기주도성, 협업 능력 등을 강화하기 위한 체계를 강조하고 있다. 그러나 이러한 공통의 목표를 실현하기 위한 구체적 접근 방식과 실행 구조는 서로 다른 교육 전통과 정책 맥락을 반영하고 있어, 비교 분석이 필요하다.

IB 교육과정에서는 'ATL(Approaches to Learning)'이라는 구조화된 역량 틀을 기반으로 사고력, 자기관리, 연구, 소통, 협업 등 학습 접근 전략을 명시적으로 지도하고 평가한다. 이 역량들은 탐구 중심 수업과 수행 중심 평가 전반에 통합되어 있으며, 비교과 활동(CAS, EE, TOK 등) 또한 정규 교육과정 내에서 역량 함양의 장으로 기능한다. 특히 루브릭 기반의 자기평가와 성찰 과정은 학생들이 메타인지적으로 자신의 성장 과정을 분석하고 조절할 수 있는 기회를 제공한다.

한편, 2022 개정 교육과정도 '핵심역량'을 총론 수준에서 제시하고 있으며, 교과 수업과 창의적 체험활동, 범교과 학습 등을 통해 이를 통합적으로 함양하도록 안내하고 있다. 자기관리 역량, 창의적 사고 역량, 공동체 역량 등 여섯 가지 핵심역량은 문서상 교과별 성취기준과 연계되어 있으며, 학교의 교육과정 편성 자율성을 전제로 다양한 실행 방안이 제시되고 있다. 그러나 이러한 역량이 실제 수업과 평가에서 어떻게 구현될 수 있는지를 뒷받침하는 지침이나 평가 도구는 비교적 추상적인 수준에 머무르는 경우가 많다. 이에 따라 학교 현장에서는 교사 역량, 학교 문화, 행정 지원에 따라 역량 함양 활동의 실행력과 질적 수준에 편차가 발생하는 경향이 있을 수밖에 없다.

결국 두 교육과정 모두 역량 중심 교육을 지향하지만, IB는 제도적으로 설계된 학습 구조와 평가 체계를 통해 역량 함양이 통합적으로 작동하는 반면, 2022 개정 교육과정은 교육 주체의 자율성과 전문성을 전제로 하되, 구체적 실행 체계는 학교 차원에 맡기고 있다는 점에서 차이가 존재한다.

구분	IB 교육과정	2022 개정 교육과정
역량 체계	Approaches to Learning(ATL) 명시적 5대 범주	총론 차원의 6대 핵심역량 제시
교수 · 학습 설계	모든 수업에 ATL 명시, 루브릭 기반 자기평가 및 성찰 중심 설계	교과 · 비교과에 역량 반영 시도, 실현 수준은 학교 재량에 따라 편차 발생
평가 방식	루브릭 기반 성찰, 비교과 활동(CAS, EE 등) 성과 반영	교사 주관 평가, 역량은 성취기준에 간접적으로 포함됨
실행 구조	구조화된 탐구 모델과 포트폴리오 중심 체계화	학교 자율 설계 기반, 실행 도구나 절차는 미흡
비교과 연계	CAS, TOK, EE 필수화되어 전면적 통합	창의적 체험활동 등 별도 운영, 교과 연계는 일부

2. 우리가 배워야 할 것들, 그리고 나아갈 방향

IB 교육과정이 한국 사회에 주는 메시지는 단순히 "국제적 교육"이라는 상징성에 머무르지 않는다. 그것은 공교육 시스템 전반에 걸쳐 '질적 전환'의 방향을 제시한다. 특히 탐구 기반 수업, 교사 자율성과 전문성 중심 운영, 통합적 교육과정, 신뢰 기반의 평가 체계 등은 한국 공교육이 회복해야 할 핵심 가치와도 맞닿아 있다.

학교와 교사 중심의 교육과정 설계 권한 확대

[핵심 제안]

- 교사 교육과정 재구성 권한 확대 및 공식화
- 교육과정 설계 연수 필수화 및 자격 기반 제도 마련
- 시 · 도교육청 단위 커리큘럼 자문단 운영

IB는 국가 차원의 공통 원칙과 평가 기준을 제공하지만, 실제 교육과정 설계와 운영의 주체는 학교와 교사다. 이는 '현장 밀착형 교육혁신'을 가능하게 하는 토대가 된다. 한국 교육도 점진적으로 학교 자율 시간 도입, 교과 간 연계 단원 확대, 교사 연수 강화 등을 시도하고 있으나, 구조적 제약이 여전히 크다. 향후에는 교사 단위의 교육과정 재구성과 평가 설계 권한을 제도적으로 보장하고, 이를 위한 실질적 지원 체계를 구축해야 한다.

1. 교사 교육과정 재구성 권한 확대 및 공식화

- 교사가 각 학급이나 학년의 특성에 맞게 교육과정을 직접 설계하거나 재구성할 수 있는 권한을 제도적으로 보장해야 한다는 제안이다.

  ※ 예: 학기마다 교사가 직접 작성한 '단원 재구성 계획서'를 학교장에게 제출하고 공식 승인받는 체계를 마련한다.

- 이를 통해 교사는 수업의 실행자에서 벗어나, 교육과정 설계자로서 전문성과 자율성을 발휘할 수 있다.

2. 교육과정 설계 연수 필수화 및 자격 기반 제도 마련

- 교사들이 교육과정 설계에 필요한 전문성을 기를 수 있도록 설계 연수를 의무화하고, 이수자에게 공식적인 설계 자격을 부여하자는 제안이다.

  ※ 예: 연수를 통해 '단원 설계 인증'을 받은 교사는 학교 내에서 통합 수업이나 프로젝트 수업의 책임 설계자로 활동할 수 있도록 한다.

- 이를 통해 교육과정 재구성이 체계적이고 질 높은 방식으로 이루어질 수 있으며, 연수를 통한 전문성 향상과 경력 관리도 가능해진다.

3. 시 · 도교육청 단위 커리큘럼 자문단 운영

- 각 시 · 도교육청 단위에서 교사와 전문가로 구성된 커리큘럼 자문단을 조직하여, 현장 교사들이 설계한 단원이나 수업안에 대해 전문적 피드백과 지원을 받을 수 있도록 하자는 제안이다.

  ※ 예: 경기도교육청의 'IB 교사네트워크'처럼, 자문단이 교사들이 공유한 수업 자료를 검토하고, 개선 방향을 함께 논의할 수 있는 구조를 마련한다.

- 이를 통해 교사들은 고립되지 않고, 전문가 집단과 협업하며 수업의 질을 지속적으로 향상시킬 수 있다.

초학문적 · 개념 기반 수업 체계 도입

[핵심 제안]
- '통합 프로젝트 단원' 필수화 및 시수 확보
- 초등-중등-고등의 통합 주제군 개발
- 교과 간 협력 수업 운영 가이드 및 공동 평가 체계 마련

IB의 교육은 단지 과목을 가르치는 것이 아니라, 개념을 중심으로 학생이 세상을 이해하도록 돕는다. 초학문적 접근은 학문 간의 벽을 넘는 데 그치지 않고, 학생 스스로가 주제를 발견하고 사고의 폭을 확장하게 한다. 2022 개정 교육과정도 교과 간 연계를 강조하고 있으나, 이것이 구조적 설계 원리로 작동되기 위해서는 '주제 중심 수업'의 제도화 가능성을 함께 논의해 볼 필요가 있다.

1. '통합 프로젝트 단원' 필수화 및 시수 확보
   - 학교 교육과정에 '통합형 프로젝트 수업'을 정규 단원으로 반드시 포함시키고, 이를 위해 별도 수업 시간을 배정해야 한다는 제안이다.
     ※ 예: 학기당 1~2개 이상의 프로젝트형 수업을 정식 단원으로 지정하고, 각 교과 시수 일부를 배정하거나 별도 프로젝트 주간 운영 등을 통해 시수를 확보한다.
   - 이를 통해 학생들이 실제 주제를 중심으로 교과 지식을 연결해 보며 깊이 있는 사고와 문제 해결력을 기를 수 있다.
2. 초등-중등-고등의 통합 주제군 개발
   - 학제별로 단절된 주제가 아니라, 초 · 중 · 고 교육과정이 하나의

주제 흐름 속에서 유기적으로 이어지도록 통합 주제군(Theme Cluster)을 개발하자는 제안이다.

※ 예: "기후 변화", "지속가능한 미래", "기술과 인간 삶" 등의 주제를 초등(탐색 중심) → 중등(이해와 분석) → 고등(비판적 탐구 및 실천)으로 심화되도록 설계한다.

• 이를 통해 학생들은 학년이 올라갈수록 주제를 더 깊이 탐구하며, 단절 없는 사고의 흐름을 경험하게 된다.

3. 교과 간 협력 수업 운영 가이드 및 공동 평가 체계 마련

• 교과 교사들이 함께 수업을 기획하고 실행할 수 있도록 협력 수업의 운영 방법(가이드라인)을 제공하고, 이를 평가할 수 있는 공동 평가 도구와 기준을 개발해야 한다는 제안이다.

※ 예: 통합 프로젝트 수업 시, 국어 · 과학 · 사회 교사가 함께 수업을 구성하고 각 교과의 관점에서 학생 활동을 공동 평가할 수 있도록 rubrics와 워크시트를 공유한다.

• 이를 통해 협력 수업이 일회성 시도로 그치지 않고, 지속 가능한 교육과정 운영 체계로 정착될 수 있다.

평가 혁신과 절대평가 체계 정착

[핵심 제안]

• 고교학점제와 연계된 절대평가 전환 로드맵 수립
• 수행평가 신뢰도 확보를 위한 공동 채점 시스템 개발
• 교사 평가 전문성 인증제 도입

IB의 평가가 주는 가장 큰 시사점은 '성장 중심 평가'다. 다양한 수행평가와 개별화된 피드백, 논서술형 중심의 평가 방식은 단순한 지식 측정을 넘어 학생의 사고, 성찰, 적용 능력을 평가

하는 데 초점을 둔다. 한국의 교육평가도 점차 과정중심 평가를 확대하고 있으나, 여전히 상대평가의 그늘에서 벗어나지 못하고 있다.

1. 고교학점제와 연계된 절대평가 전환 로드맵 수립

- 고교학점제는 학생이 과목을 선택해 이수하고 졸업요건을 채우는 제도이므로, 성장 중심 평가와 절대평가 체계가 함께 작동해야 한다.
  ※ 제안 내용은 고교학점제 도입과 연계하여, 기존의 서열 중심 '상대평가'에서 벗어나 학생 개별 성장과 성취 수준에 따른 절대평가 체계로의 단계적 전환 계획(로드맵)을 수립하자는 것이다.
- 이를 통해 학생들은 점수 경쟁보다 자기주도적 성장을 중시하는 학습 환경에서 배움에 몰입할 수 있다. 물론 이러한 전환에는 교사의 평가 전문성에 대한 충분한 지원과 함께, 현장의 부담을 줄이는 체계 설계가 전제되어야 한다.

2. 수행평가 신뢰도 확보 위한 공동 채점 시스템 개발

- 수행평가는 교사의 판단에 따라 점수가 달라질 수 있기 때문에 평가의 신뢰성과 공정성 확보가 매우 중요하다.
  ※ 이를 위해 여러 교사가 협력하여 동일한 과제에 대해 채점 기준을 정하고 함께 채점하거나, 채점 예시와 표준화 자료를 공유하는 시스템을 마련하자는 제안이다.
- 이러한 방식은 교사 간 평가 격차를 줄이고, 학생과 학부모의 신뢰를 높이는 데 기여할 수 있다. 무엇보다도 교사 간의 신뢰와 협업이 전제되어야 공동 채점 시스템이 실질적으로 작동할 수 있다.

3. 교사 평가 전문성 인증제 도입

- 수행평가와 서술형 평가의 비중이 늘어나는 만큼, 교사의 평가 설계 및 채점 역량을 전문적으로 인정하고 관리할 필요가 있다.

※ 이를 위해 평가 연수 과정을 이수하거나 평가 설계 실적이 있는 교사에게 '평가 전문가 인증'을 부여하고, 이를 인사나 연구활동에 반영하는 제도를 도입하자는 제안이다.

• 이 제도는 교사의 평가 전문성 향상과 동기 부여를 동시에 달성할 수 있으며, 평가 질 향상에도 기여할 수 있다.

전인적 역량을 기르는 학교문화 구축

[핵심 제안]

• 교사-학생-학부모 간 교육철학 공유 워크숍 운영
• 학교별 핵심가치 기반 생활교육 체계화
• 프로젝트 · 봉사 · 에세이 등 비교과 활동 의무화 기반 마련

IB가 강조하는 10가지 학습자상은 단순한 수업 목표가 아닌, 학교 공동체가 지향하는 인간상이다. 이를 위해 교사, 학생, 학부모가 함께하는 교육 공동체 문화가 자리 잡고 있다. 한국 교육도 핵심역량을 교육과정에 담고 있으나, 이를 실천할 수 있는 학교문화 조성과 환경 설계는 아직 미흡하다.

1. 교사-학생-학부모 간 교육철학 공유 워크숍 운영

• 교육의 방향성과 핵심 가치에 대한 인식이 서로 다르면, 수업 외적 갈등이나 혼란이 생기기 쉽다. 이를 방지하기 위해, 학교 구성원 전체가 함께 교육 철학을 공유하고 토론하는 자리를 마련하자는 제안이다.

※ 예: IB Learner Profile처럼 학교가 지향하는 인재상에 대

해 교사, 학생, 학부모가 함께 논의하고 사례를 나눌 수 있는 '학습자상 워크숍'을 연 1~2회 학교 단위로 운영하는 방안을 검토해 볼 수 있다.

실제로 2023년 서울시 혁신학교 운영 사례에서도 이와 유사한 시도가 있었으며, 이러한 성과들을 참고하여 향후 확대 적용을 논의해 볼 필요가 있다.

- 이를 통해 학교는 공통의 가치와 방향을 공유하는 공동체로 성장할 수 있다.

2. 학교별 핵심가치 기반 생활교육 체계화

- 단순한 규칙 중심의 생활지도에서 벗어나, 학교가 추구하는 핵심 가치를 바탕으로 학생의 태도와 인성을 기르는 생활교육 체계를 구축해야 한다는 제안이다.

  ※ 예: '책임', '존중', '배려', '성실' 등의 학교 고유 핵심 가치를 중심으로 교칙을 재정비하고, 일상 생활 속 행동 피드백도 이 가치 중심으로 지도한다.

- 이를 통해 학생은 단지 '벌점 회피'가 아닌, 내면화된 성장을 목표로 행동하게 된다.

3. 프로젝트 · 봉사 · 에세이 등 비교과 활동 의무화 기반 마련

- 교과 수업만으로는 전인적 성장을 이끌기 어렵기 때문에, 비교과 활동도 정규 교육과정처럼 중요한 교육 요소로 인정하고, 제도적으로 보장해야 한다는 제안이다.

  ※ 예: IB의 CAS(Creativity, Activity, Service)처럼 일정 시간 이상의 봉사활동, 자기주도적 프로젝트 수행, 성찰 에세이 작성 등을 모든 학생이 경험할 수 있도록 구조화된 프로그램을 마련하는 방안을 검토해 볼 수 있다.

- 이러한 과정을 통해 학생들은 사회적 책임감, 협업 능력, 자기 성찰력 등을 보다 자연스럽게 함양할 수 있을 것으로 기대된다.

교사 협업과 전문성 공동체의 활성화

[핵심 제안]
- 정규 수업시간 내 협업 시간제 도입
- 수업연구회 결과의 교육과정 반영 가능 체계 마련
- 교사 간 상호코칭 및 공동수업제 인센티브 제공

IB는 교사의 자율성과 협업을 중시하며, 각국 교사들이 함께 커리큘럼을 설계하고 동료간 피드백을 수행할 수 있는 구조를 갖추고 있다. 한국도 점차 교사 전문성 공동체(PLC)를 장려하고 있으나, 학교 안에서 이를 실질적으로 운영할 수 있는 시간, 문화, 인센티브가 부족하다.

1. 정규 수업시간 내 협업 시간제 도입
   - 교사 간 협업은 시간이 있어야 가능하다. 그러나 현재는 모든 시간을 수업 준비와 행정에 쓰는 구조로, 실질적인 협업 활동을 할 여유가 없다.
     ※ 제안 내용은 정규 수업시간 중 일정 시간을 '교사 협업 시간'으로 제도화해, 교육과정 공동 설계나 수업연구를 정기적으로 수행할 수 있도록 하자는 것이다.
     예: 매주 1교시 또는 월 2회 이상 교사 협업 시간 확보.
   - 이러한 제도적 기반이 마련된다면, 교사 간의 전문적 협력이 보다 실질적으로 이루어질 수 있는 여건이 조성될 것으로 보인다.
2. 수업연구회 결과의 교육과정 반영 가능 체계 마련
   - 현재 교사들이 수업연구회를 운영해도, 그 결과물이 공식 교육과정이나 수업계획에 반영되기 어려운 구조이다.

※ 제안은 연구회에서 개발한 수업안, 평가도구, 통합 단원 설계안 등이 실제 학교 교육과정에 반영될 수 있도록 승인 절차와 연계 체계를 마련하자는 것이다.

- 이를 통해 교사들은 연구 활동이 단순한 실행에 그치지 않고, 실제 수업과 교육과정 개선으로 이어질 수 있다는 실질적 보람을 느낄 수 있을 것으로 기대된다.

3. 교사 간 상호코칭 및 공동수업제 인센티브 제공

- 동료 교사 간 피드백이나 공동수업은 교사 전문성 향상에 효과적이지만, 노력 대비 인센티브가 부족해 활성화되지 못하고 있다.

※ 제안은 상호 코칭(서로의 수업 참관 후 피드백 제공), 공동수업(2인 이상이 한 수업을 함께 기획 · 진행) 등 참여 교사에게 연수 이수 시간 인정, 연구점수 반영, 성과급 가점 등 실질적 보상을 제공하자는 것이다.

- 이를 통해, 교사들의 자발적인 협업과 성찰 문화가 보다 자연스럽게 확산될 수 있는 기반이 조성될 것으로 보인다.

한국 교육은 이미 변화의 문 앞에 와 있다. IB는 단순히 '선진 교육 모델'이 아니라, 우리가 지향할 수 있는 새로운 공교육의 상을 보여준다. 공교육을 신뢰할 수 있는 교육으로 되돌리는 길은, 교사와 학생이 주체가 되는 배움의 회복에 있다. 정해진 답을 외우는 교육에서, 스스로 질문하고 사고하며 협력하는 교육으로 전환하는 것, 그것이 바로 IB가 우리에게 전해주는 가장 근본적인 메시지이다.

지금 우리에게 필요한 것은 '가능성'에 대한 확신과, 그 가능성을 실현하기 위한 제도적 · 문화적 뒷받침이다. IB를 통해 그 길을 구체화할 수 있다면, 한국의 공교육은 다시 중심을 회복할 수 있을 것이다.

3. 세계는 IB를 어떻게 수용했는가: 한국형 IB의 가능성과 한계

한국 교육은 오랜 시간 동안 입시 중심 체제와 획일적인 평가 구조를 유지해 왔다. 이로 인해 '교육의 본질 회복'을 요구하는 목소리는 점점 커지고 있으며, 국제 바칼로레아(IB)는 이러한 비판적 문제의식 속에서 하나의 대안적 모델로 관심을 받아왔다. 그러나 IB를 단순히 이상적인 대안으로 간주하기보다는, 다양한 국가들이 IB를 어떻게 수용하고 조정했는지를 살펴보는 일은 한국형 IB의 현실적 적용 가능성을 가늠하는 데 중요하다고 생각한다.

IB는 지식보다 개념과 탐구, 성과보다 성장과 전인성을 강조하는 교육철학을 지니며, PYP부터 DP까지 연령대별로 구성된 체계적인 프로그램을 운영한다. 특히 DP의 경우, 외부 시험과 함께 탐구 과제, 확장 에세이, 지식 이론(TOK), 창의성·활동·봉사(CAS) 등 정성적 평가를 포함하여 학습자의 다양성과 자기주도성을 반영하려 한다. 하지만 이 모델이 모든 국가에 동일하게 적용된 것은 아니다.

예를 들어, 일본은 국가 주도의 체계적 전략을 통해 IB를 수용했다. 문부과학성은 2013년부터 IB를 공교육 혁신 전략으로 도입하고, 교과의 일본어화, 대학 입시 반영, 교사 양성 체계 마련 등을 병행했다. 그러나 도입 초기에는 교사의 수업 방식 전환에 대한 저항, 정규 교과와의 정합성 부족, 평가 및 행정 부담 증가 등의 현실적 어려움도 존재했다.

싱가포르와 캐나다 등은 IB를 일반 공립학교 일부에 선택적 도입하거나, 국제학교 중심으로 제한적으로 운영하면서 국가 교육과정과의 조화를 중시했다. 특히 싱가포르는 자국 교육과정의 철학과 평가체계에 부합하지 않는 요소는 유보하거나 부분적으로 조정하는 방식을 취했다.

한국의 경우, 일부 시·도교육청이 IB 프로그램을 시범 도입하고 있지만, 전면적 확산에는 제도적 장벽이 크다. 대표적으로 다음과 같은 과제가 지적된다.

1. 평가 제도 간 불일치: IB의 정성평가와 한국의 정량 중심 평가 체계는 철학적으로 충돌한다.
2. 교사 역량과 문화: 탐구 중심 수업, 교육과정 재구성, 수행평가 설계에 대한 교사 전문성 제고가 필요하다.
3. 대학입시와의 연결성 부족: DP의 성취가 한국 대입 체계와 직접 연결되지 않는 점은 실효성을 떨어뜨릴 수 있다.

그럼에도 불구하고, IB는 한국 공교육에 몇 가지 시사점을 제공한다. 학습자 주도성, 개념 중심 통합 교육과정, 신뢰 기반 평가 체계 등은 2022 개정 교육과정의 방향성과도 맞닿아 있다. IB를 그대로 도입하는 것이 해답은 아니지만, 그 철학과 구조가 제공하는 시사점을 한국 교육에 맞게 조정하고 일부 요소를 선택적으로 도입하는 방식은 충분히 검토할 만하다.

결국 중요한 것은 'IB냐 아니냐'가 아니라, 어떤 교육이 오늘날 한국 학생들에게 의미 있는 배움을 제공하는가에 대한 성찰이다. IB는 그 성찰의 출발점이 될 수 있을 뿐, 종착점은 아니다.

일본 사례로 본 IB 수업, 무엇이 달랐나

일본의 IB 도입은 단순히 교육적 실험이나 국제학교 중심의 시도가 아니라, 정부 주도 아래 공교육 전체를 변화시키기 위한 전략적 선택이었다. 일본 문부과학성(MEXT)은 2013년 "국제적 소양을 갖춘 글로벌 인재 양성"을 국가 교육 정책의 핵심 기조로 제시하면서 IB를 본격적으로 도입하기 시작했다. 당시 일본 사회는 암기 중심 교육, 수직적 교실 문화, 국제경쟁력 저하에 대한 우려가 높았고, 이에 대한 대안으로 IB의 철학과 평가 체계가 주목받았다.

특히 MEXT는 2013년부터 2020년까지 IB 운영 학교를 200개 이상 확대하겠다는 정책 목표를 수립하고, 이를 달성하기 위해 다음과 같은 세 가지 축을 중심으로 제도적 기반을 정비했다.

언어 장벽 해소

일본은 IB 도입 초기부터 영어로 진행되는 수업과 평가가 일본 학생들에게 진입 장벽이 될 수 있다는 점을 인식하였다. 이에 문부과학성은 국제바칼로레아 기구(IBO)와 긴밀한 협의를 통해 일부 과목을 일본어로 운영할 수 있는 체계를 마련했다. 이 조치는 아시아 국가 중 최초로 자국어 기반 IB 과정을 공식 허용받은 사례로 기록되었으며, 특히 TOK(지식 이론), EE(확장 에세이), CAS(창의성 · 활동 · 봉사)와 같은 핵심 요소를 일본어로 이수할 수 있도록 허용되었다.

이러한 접근은 두 가지 측면에서 매우 전략적이었다. 첫째,

언어 능력보다 사고력과 탐구 역량 중심의 평가가 가능해져 IB의 본래 철학이 왜곡되지 않고 유지될 수 있었다. 둘째, 영어 능력 격차에 따른 학생 간 불평등을 완화하고, 공립학교를 포함한 다양한 교육 현장에서 IB 도입을 확산하는 데 중요한 역할을 했다. 결과적으로 일본은 언어 장벽을 해소함으로써 IB를 '선택받은 학생만을 위한 프로그램'에서 '보편적인 교육 기회'로 전환시킬 수 있었다.

일본은 국제바칼로레아 기구(IBO)와 협의하여 일부 과목의 일본어 병행 운영을 허용받았다. 이는 영어 기반 교육이 주는 진입 장벽을 완화하고, 일본 국내 고등학생도 부담 없이 IB 교육에 접근할 수 있도록 하기 위한 전략이었다. 실제로 DP 핵심 요소(TOK, EE, CAS)와 일부 과목이 일본어로 이수 가능하도록 설계되었다.

교사 양성 및 면허 제도 개편

IB 수업을 운영할 수 있는 교사 확보를 위해 일본은 특별 면허 제도를 도입하였다. 기존 정규 교원뿐 아니라 외국인 교사 및 국제학교 출신 전문가들에게도 IB 교육 자격을 부여할 수 있도록 제도를 유연화했다. 특히, 일본은 IB 전담 교원 부족 문제를 해결하기 위해 단기 집중 연수 프로그램, 온라인 워크숍, 대학과 연계한 인증 코스 등을 운영했으며, 교육청 단위에서도 IB 전문 교사 양성 계획을 병행하였다.

문부과학성은 2015년부터 'IB 교원 인증 연수 시스템'을 도입하여, 국내 교사도 일정 기준을 충족하면 IB 수업 자격을 갖출 수 있도록 제도화하였다. 이로 인해 특정 국제학교 출신이나 영어권 교사에 의존하지 않고, 일반 공립고 교사들이 IB 수업을 맡을 수 있는 기반이 마련되었다. 이러한 정책은 IB의 공교육 확산 가능성을 크게 높였으며, 한국에서도 이미 교육대학과 연계한 IB 교사 연수 체계가 부분적으로 구축되어 있다. 그러나 일본처럼 국가 차원에서 제도적으로 IB 교원 인증 연수 시스템을 본격적으로 도입·확산한 사례와 비교하면, 한국은 아직 확장 단계에 있으며, 향후 더 많은 대학과 시·도교육청이 참여하는 전국적 체계 구축이 과제로 남아 있다.

대학 입시와의 제도적 연계

일본은 고등학교와 대학 간 연계를 강화하기 위해 주요 국공립 및 사립대학에서 IB 전형을 운영하도록 유도했다. 특히 문부과학성은 대학 입학 전형 개선 정책과 연계하여, IB 디플로마 취득 학생에 대한 가산점 또는 별도 전형 운영을 적극 권장하였다.

2022년 기준, 도쿄대, 게이오대, 와세다대, ICU 등 77개 대학이 IB 전형을 운영 중이며, 이 중 상당수는 확장 에세이(EE), 지식 이론(TOK), CAS 활동을 포함한 포트폴리오를 정성적 평가의 핵심 요소로 활용한다. 예를 들어 ICU는 IB 디플로마 소지자를 위한 특별 전형을 운영하고 있으며, 게이오대 PEARL 프로그램은 EE 주제와 TOK 논리 구조를 바탕으로 지원자의 학문적 잠재력을 심층 평가한다.

또한 일부 대학에서는 HL 과목 성적을 대학 예비학점(advanced credit)으로 인정하여 학생이 입학 후 기초과목을 면제

받거나 조기 졸업의 기회를 제공하기도 한다. 이러한 제도적 연계는 IB의 철학이 고교 교육을 넘어서 대학 학문과 자연스럽게 이어질 수 있도록 하며, 학부모와 학생들에게 실질적 동기를 제공하는 기반이 된다.

또한 2015년에는 학교교육법 시행령을 개정하여, IB를 운영하는 학교가 국가 교육과정 기준을 유지하면서도 IB 프로그램을 병행할 수 있도록 제도적 유연성을 확보하였다. 이러한 체계적 정책 설계 덕분에 2024년 현재 일본 내 IB 운영 학교는 250여 개교 정도로 확대되었으며, 이는 아시아 내에서 가장 적극적인 IB 확산 사례로 꼽힌다.

일본의 IB 도입은 단순한 프로그램 수입을 넘어, 제도적 정합성을 확보한 체계적 접근이었다는 점에서 한국에 중요한 시사점을 준다.

법제 정비

일본은 2015년 학교교육법 시행령 제26조의 일부를 개정하여, 고등학교 교육과정 내에서 IB 프로그램을 병행 운영할 수 있도록 허용했다. 이 법적 조치는 기존의 '문부과학성이 정한 교육과정의 일률적 운영'이라는 원칙에서 벗어나, IB 학교에게 일정 수준의 자율권을 부여한 획기적인 전환이었다.

구체적으로는, 정규 교육과정에서 IB DP 과정을 운영하되, 국가 교육과정에서 요구하는 필수 과목 이수와 졸업 요건을 병행하여 충족할 수 있도록 조정되었다. 예를 들어, 일본어, 수학, 체육 등 필수 교과목은 국가 기준에 맞춰 운영하고, 나머지 과목은 IB 기준에 따라 교과서를 대체하거나 평가 방식을 조정하는 방식이었다.

이 같은 법제 정비는 단지 한 학교의 특례 허용이 아니라, 전국 단위에서 IB 프로그램을 제도적으로 내재화할 수 있는 길을 열어준 것이며, IB 운영에 필요한 행정적·법적 유연성을 제도화했다는 점에서 매우 중요한 선례로 평가된다. 한국도 이처럼 IB 학교의 교육과정 운영에 자율성을 부여할 수 있도록 법령 개정을 통해 제도 기반을 마련할 필요가 있다.

정책 일관성

일본은 단기 프로젝트나 일회성 교육 실험이 아니라, 중장기적 관점에서 IB 확산을 체계적으로 추진하였다. 문부과학성(MEXT)은 2013년부터 10년 이상에 걸친 정책 로드맵을 수립하였고, 이에 따라 예산 확보, 교사 양성, 입시 연계, 법제 개편 등을 순차적으로 이행했다.

특히 'IB 교육 추진 컨소시엄'을 설립하여 지방자치단체, 대학, 고등학교, 민간 교육기관이 공동으로 참여하는 구조를 마련하였고, 이를 통해 중앙정부와 현장의 연결을 제도화하였다. 이 컨소시엄은 연례 운영보고서, 성과분석, 신규 도입학교 컨설팅 등을 제공하며 일관된 품질 관리를 수행해 왔다.

그 결과 일본은 IB 운영 학교 수를 10년 사이에 10배 이상 확대하였으며, 국내 주요 대학 다수가 IB 전형을 채택하는 등 제도화에 성공했다. 이는 교육 정책이 일관성 있고 지속적으로 추진될 때만이 IB와 같은 새로운 교육 체계가 정착될 수 있음을 보여준다.

IB 성공 정착의 조건: 싱가포르와 캐나다 온타리오의 실행 역량

싱가포르는 IB를 공교육 체계 안에 성공적으로 통합한 대표적인 국가이다. 그 과정은 단순한 교육 프로그램의 수입이 아니라, 국가 차원의 철학적 정합성과 정책적 실행력, 그리고 지속 가능한 운영 구조의 결과였다. 싱가포르 사례는 한국형 IB를 고민하는 이들에게 중요한 통찰을 제공한다.

가장 주목할 점은 싱가포르 교육부(MOE)의 교육철학과 IB의 방향성이 높은 수준에서 일치했다는 점이다. MOE는 오랫동안 21세기 핵심 역량으로 비판적 사고력, 다언어 환경에서의 소통 능력, 글로벌 감수성을 제시해 왔다. 이는 IB가 지향하는 전인적 인간상 및 학습자 프로필과 맞닿아 있었다. 교육부는 이 같은 철학에 따라 일부 공립 고등학교에서 IB 프로그램을 선택적으로 운영하게 하여, 체제 내 다양성과 깊이를 동시에 확보했다.

이러한 선택적 운영 구조는 싱가포르 공교육의 유연성을 보여준다. IB는 사립 국제학교나 특권층의 전유물이 아니라, 공립 학교에 속한 학생 누구에게나 실질적으로 접근 가능한 교육 옵션이 되었다. 이는 IB를 일반화한 것이 아니라, 맥락화한 것이라 할 수 있다. 즉 국가 교육 체계 속에서 IB가 독립된 섬이 아니라, 유기적으로 연결된 한 축으로 기능하게 된 것이다.

대학 입시와의 연계 또한 중요한 성공 요인이다. 싱가포르의 대표 국립대학인 NUS(싱가포르국립대학교)와 NTU(난양기술대학교)는 IB 디플로마 점수를 정식 입학 자격으로 인정하고 있다. 특히 HL(High Level) 과목 성적을 바탕으로 대학 학점을 선인정하거나, EE(확장 에세이)와 TOK(지식 이론)에서의 성과를 평가 요소로 활용함으로써, IB의 교육 경험 전체가 입시 경쟁력으로 전환되도록 설계하였다. 이러한 구조는 학생과 학부모에게 IB 선택에 대한 실질적 동기를 제공하였다.

교사 전문성 체계도 탄탄하게 구축되어 있다. 싱가포르 교육부는 '싱가포르 교수 실천 모델(Singapore Teaching Practice)'을 통해 모든 교사가 공유하는 수업의 기준과 목표를 명시하였고, 이를 기반으로 연속적이고 체계적인 연수 체계를 설계하였다. IB 담당 교사뿐 아니라 모든 교사가 교육의 본질적 목표를 공유할 수 있도록 철학적 토대를 마련한 것이다. 또한, 교육 자료 개발과 평가 기준의 현지화 역시 국가 주도 아래 이루어져, 교사들이 IB의 철학과 실천을 싱가포르의 맥락에 맞춰 재구성할 수 있도록 하였다.

싱가포르의 사례는 한국에 중요한 시사점을 제공한다. IB 도입이 성공하기 위해서는 단순한 프로그램 이식이 아니라, 철학의 정합성, 제도적 연계, 실행 가능한 교사 역량 시스템, 그리고 공교육 안에서의 접근성과 형평성 확보가 병행되어야 한다. IB는 특정한 제도를 도입하는 문제가 아니라, 교육이 무엇을 지향해야 하는지를 묻고, 이를 구체적으로 실현할 수 있는 국가적 학습 체제의 구축을 요구하는 일이다. 싱가포르는 그 가능성을 보여준 국가 중 하나다.

캐나다 온타리오주는 IB 프로그램을 성공적으로 공교육 체계에 통합한 북미 대표 사례로 주목받는다. 싱가포르가 국가 주도의 상향식 체계를 통해 IB의 철학과 제도를 체계적으로 안착시켰다면, 온타리오는 지방 교육청의 자율성과 수평적 협력을 기반으로 IB 확산을 실현해 왔다. 이러한 구조는 온타리오만의 고유한 교육 정책 환경과 깊은 관련이 있다.

온타리오주는 캐나다 연방 안에서도 가장 규모가 크고 교육 인프라가 발달한 지역으로, 교육청(School Board) 단위 자치가 강하게 보장된다. IB 프로그램 또한 주정부가 일괄적으로 지시한 결과가 아니라, 지역 교육청의 판단과 지역 사회의 수요에 따라 자율적으로 도입되었다. 현재 100개 이상의 공립 고등학교가 IB 프로그램을 운영하고 있으며, 이는 전 세계에서도 손꼽히는 규모다.

온타리오의 IB 확산 전략은 '엘리트 교육'의 인상을 탈피하는 데 집중되었다. 지역 교육청은 IB 프로그램이 특정 상위권 학생만을 위한 특권적 기회로 오해되지 않도록, 학업 수준이 다양한 학생들을 대상으로 폭넓은 입학 문을 개방하고, ESL 학생을 위한 언어 지원과 교과 적응 프로그램을 운영하였다. 이로써 IB는 단순히 우수 학생을 더 우수하게 만드는 도구가 아니라, 모든 학생에게 열려 있는 포용적 고등 교육 준비 과정으로 자리매김했다.

입시 제도와의 실질적 연계 역시 IB의 선택 동기를 강화하는 데 큰 역할을 했다. University of Toronto, McGill University, University of Waterloo 등 온타리오 내 주요 대학들은 IB 고급(HL) 과목에서 일정 성적 이상을 취득한 학생에게 학점 선인정(advanced standing)을 부여한다. 이는 단순히 입학 자격을 넘어서, IB 학습 경험이 실제 대학 생활에서 어떻게 인정받을 수 있는지를 보여주는 구조적 인센티브였다.

또한, IB 교사 양성 및 연수 체계도 중앙 집중이 아닌 지역 기반 협력으로 이뤄진다. 교육청은 자체적으로 IB 연수 일정을 계획하거나, 지역 대학과 협력하여 교사 교육 프로그램을 설계한다. 이 과정에서 교사들은 IBO에서 요구하는 국제 기준을 충족하면서도, 온타리오 교육과정의 맥락과 일상적 교수 문화에 맞춘 실천 역량을 기르게 된다. IB Schools of Ontario(IBSO) 같은 네트워크 조직은 이러한 교사들의 전문성을 상시적으로 지원하고, 학교 간 모범 사례를 공유하는 플랫폼 역할을 한다.

결국, 온타리오의 IB 확산은 제도적 강제나 일괄적 명령에 의해 이루어진 것이 아니다. 정책 자율성과 지역 사회 협력, 그리고 교육 형평성에 대한 공동체적 의식이 조화를 이루며 IB를 정착시킨 결과였다.

이는 한국처럼 중앙집권적 교육 행정 구조를 가진 국가에게도 중요한 교훈을 제공한다. IB 도입의 성공은 단순히 프로그램을 수입하는 것이 아니라, 누구에게, 어떤 방식으로, 어떤 가치를 중심에 두고 확산시킬 것인가를 결정하는 철학적·정치적 선택임을, 온타리오는 말없이 보여주고 있다.

IB 정착의 장벽: 호주, 중동 사례를 통해 본 제도적 교훈

호주는 IB 도입에 성공한 국가 중 하나이다. 하지만 그 과정이 순탄했던 것은 아니다. 호주는 IB를 자국 대학 입시 체계인 ATAR과 병행 운영하면서 체계 간 충돌이 발생하였다. 대학마다 IB 성적을 인정하는 방식이 일관되지 않았고, IB 교사 확보와 연수 부족 문제가 도입 확산을 저해하였다. 2021년 ACER 보고서는 "IB의 철학은 긍정적이나, 정책적 연계 부족과 실행 인프라 미비가 지속적 도입을 가로막는다"고 분석했다. 이는 IB의 교육적 가치는 인정되지만, 정책적 연계(대학 입시, 국가 교육과정과의 조화) 부족 및 실행 인프라(교사 연수, 학교 지원 등) 미비가 지속적 확산의 장애 요인임을 지적한 것이다. 호주는 이 같은 과제를 점진적으로 해소해 나가며, 다층적인 정책 · 제도적 기반을 통해 IB 도입에 성공한 사례로 평가된다.

중동의 일부 국가, 예를 들어 UAE나 사우디아라비아는 외국인 대상 국제학교를 중심으로 IB를 확산시켰지만, 자국 공교육에 IB를 정착시키는 데에는 실패했다. 이는 고비용 구조, 영어 중심 커리큘럼, 대학 입시 체계와의 연계 부족, 교사 연수 인프라 부재 등이 복합적으로 작용했기 때문이다. UNESCO(2021)는 "IB가 엘리트 교육으로 고착되며 공교육 접근성과는 거리가 멀다"고 지적했다.

다만, 최근 UAE는 이러한 한계를 극복하기 위해 몇 가지 전략을 시도하고 있다. 예를 들어 두바이 교육지구(KHDA)는 공립학교의 IB 접근성을 높이기 위해 일부 과목의 아랍어 병행 운영을 허용하고 있으며, 정부 지원하에 IB 교사 연수를 현지 대학과 협력하여 제공하고 있다. 또한 UAE 교육부는 IB 성적을 반영한 고등교육 입학 기준을 도입하고, 일부 국립대학에 IB 전형을 마련하는 등 제도 정비를 추진 중이다. 이러한 시도는 아직 초기 단계이나, 엘리트 교육 중심에서 벗어나 공교육 통합을 도모하려는 노력으로 평가된다.

이러한 UAE의 전략은 한국에도 중요한 시사점을 제공한다. 우선, 비영어권 국가에서 IB의 접근성을 높이기 위해 일부 과목을 한국어로 병행 운영할 수 있는 체계 마련이 필요하다. 둘째, 공교육 내 IB 교사 확보를 위해 지방 대학이나 교육청과 연계한 지역 기반 연수 시스템을 도입해야 하며, 정부의 지속적인 재정 지원도 병행되어야 한다. 셋째, IB 성적을 대학 입시에서 정식으로 인정하는 제도적 기반을 마련함으로써, 학생과 학부모가 IB를 실질적인 진학 경로로 인식할 수 있도록 해야 한다. 우리나라도 위 사항들 중 일부 시행하고 있지만 UAE 처럼 제도·언어·재정·입시의 네 축을 동시에 설계하지 않으면, IB는 한국에서 소수 특권층만을 위한 제도로 머무를 위험이 있다.

IB, 공교육을 살리는 도구가 되다: 미국 도입 사례에서 배우는 교훈

미국의 IB 도입은 연방정부의 일괄 지시가 아니라 지역 교육청과 개별 학교의 자율에 기반하여 이루어졌다. 그럼에도 불구하고 미국은 현재 전 세계에서 가장 많은 IB 운영 학교를 보유하고 있으며, 이는 제도화 이전에 실행 기반을 갖춘 사례로서 한국에 다음과 같은 시사점을 제공한다.

상향식(Bottom-up) 도입 전략

미국은 각 지역 교육청과 학교가 자율적으로 IB를 도입하고 운영했다. 이는 교육 현장의 자율성과 실행력을 보장해 주었고,

IB의 지역 내 적합한 적용이 가능했다. 한국도 교육청이나 학교 단위에서의 시범 운영을 보다 적극적으로 지원하고, 자율성을 부여하는 제도 설계가 필요하다.

대학 입시와의 실질적 연계

미국의 대다수 대학은 IB 성적을 입학 사정 자료로 반영하며, HL 과목에 대해 대학 학점을 인정하고 있다. 한국도 수시 전형이나 자기소개서 기반 전형에서 TOK, EE, CAS 활동을 반영하고, 주요 국공립대학에서 IB 기반 입시 전형을 신설해야 한다.

교육 불평등 해소 수단으로의 활용

미국은 IB를 도시 저소득층 학생들의 교육 기회를 확장하는 수단으로도 활용했다. 특히 마그넷 스쿨(Magnet School) 모델을 통해 교육 소외 지역에서도 IB 접근성을 보장하였다. 한국도 IB를 일부 국제학교나 특권층 중심에서 벗어나 일반고, 농산어촌 학교 등으로 확산시켜 교육 형평성을 도모해야 한다. 이러한 점에서 제주 표선고의 사례가 더욱 확장되어야 한다고 생각한다.

교사 전문성 체계의 내재화

미국은 IB North America를 중심으로 지역 단위의 교사 연수와 대학 연계 프로그램을 구축하며, IB 교육을 담당할 교사 인프라를 자율적으로 마련해 왔다. 지역별로 IB 인증 워크숍, 연수 프로그램, 온·오프라인 연수가 정기적으로 개최되며, 단일 학교를 대상으로 한 맞춤형 워크숍도 제공된다.

UWC-USA와 같은 기관은 30년 이상 미국 안팎의 교사를 대상으로 IB 교사 연수를 운영해 왔으며, 매년 수백 명의 교사가 다양한 워크숍에 참여하고 있다.

대학 연계 프로그램도 활발히 운영된다.

미국 내 여러 대학(예: 캘리포니아 주립대, 미시간 주립대 등)은 IB 교사 자격증(IB Certificate in Teaching and Learning) 취득을 위한 학위 과정 및 연수 과정을 제공한다.

이들 과정은 IB 교육 철학, 커리큘럼, 평가, 국제교육 정책 등을 포괄하며, IB 학교에서의 현장 실습도 포함된다.

반면, 한국은 아직 미국처럼 체계적이고 다층적인 IB 교사 연수 인프라를 충분히 갖추지 못한 상황이다.

현재 일부 교육청 연수원, 대학, 민간 기관에서 IB 관련 연수가 시범적으로 운영되고 있으나, 전국적이고 지속 가능한 체계로 자리 잡기에는 아직 미흡하다.

따라서 IB 교육을 안정적으로 정착시키기 위해서는, 교육청 연수원, 대학의 교사 교육과정, 민간 연계 모델 간 유기적인 협력을 통해 보다 구체적이고 체계적인 교사 연수 시스템을 구축할 필요가 있다.

유연한 학교 운영 구조

미국은 자율형 학교 모델(Charter School, Magnet School 등)과 IB를 유기적으로 결합시켜 운영하였다. 이는 IB의 교육 철학을 학교 현장에 맞게 구현할 수 있는 유연성을 보장해 주었다.

한국도 혁신학교, 대안학교, 자율형 공립고 등과 IB를 결합할 수 있는 제도적 토대를 마련해야 한다.

IB 교육은 지식 중심 교육을 넘어서 창의성과 비판적 사고, 국제적 소양을 갖춘 인재 양성이라는 측면에서 한국 교육의 전환점이 될 수 있다. 그러나 단순한 프로그램 수입이 아닌, 철학과 시스템, 제도적 기반의 전면적 혁신이 병행되어야 한다. 한국 교육이 '정답'이 아닌 '질문'을 중심으로 설계되고, 학습이 평가의 도구가 아니라 삶의 도구로 작동하는 체계로 나아가기를 바란다. 그 길의 한복판에서 IB는 단지 해외의 프로그램이 아니라, 우리가 다시 발견해야 할 교육의 본질일지도 모른다.

IB를 통해 한국 교육의 방향을 다시 묻다

IB 교육은 지식 중심이 아닌 개념 중심, 결과 중심이 아닌 성장 중심, 수동적 수용이 아닌 능동적 탐구를 지향하는 철학을 바탕으로 설계된 세계적 교육 모델이다. 이러한 철학은 '교육의 본질 회복'이라는 한국 사회의 오랜 요구와도 깊이 맞닿아 있다. 그러나 IB를 곧장 도입하는 것이 곧 이상적인 해결책이 될 수는 없다. 일본, 미국, 호주, 중동 국가들의 사례는 IB의 도입이 각국의 제도, 문화, 언어, 교사 구조, 입시 시스템과 어떻게 조화를 이루는지에 따라 성패가 갈렸음을 보여준다.

이제 우리는 단순히 "IB가 좋은가 나쁜가"를 묻기보다는, "왜 한국 교육은 IB와 같은 모델을 필요로 하게 되었는가", "IB는 한국의 어떤 구조를 되돌아보게 하는가", "우리 교육의 미래는 어떤 가치와 방향을 중심에 놓아야 하는가"라는 더 근본적인 질문을 던져야 한다. IB는 그 자체로 해답이기보다는, 한국 교육이 나아가야 할 방향에 대한 성찰의 계기를 제공한다.

따라서 IB를 무비판적으로 수용하기보다는, 외국 사례에서 드러난 교훈을 바탕으로 한국 교육의 현실을 되짚고, 한국형 IB 혹은 그 이상의 철학을 모색하는 과정이 되어야 한다. 그 과정을 통해 우리는 단지 새로운 프로그램을 도입하는 것이 아니라, 우리 교육의 구조와 문화, 철학을 재정립하는 계기를 마련할 수 있을 것이다.

4. 핵심역량, 삶을 위한 배움으로 이어지다

2022 개정 교육과정과 IB 교육이 만나는 지점에서

"이제는 점수보다 역량이 중요합니다."

한 고등학교 교무실에서 열린 교사 연수에서 누군가 이 말을 꺼냈다. 처음엔 잠깐의 정적이 흘렀다. 익숙한 평가 방식에 길들여진 교사들에게 '역량 중심 교육'은 추상적으로 들렸기 때문이다. 그러나 이어진 설명은 생각보다 명확했다. 바로 2022 개정 교육과정이 강조한 6대 핵심역량이었다.

교육부는 이번 개정 교육과정을 통해 지식 그 자체보다 지식을 삶에 적용할 수 있는 능력을 강조했다. 이를 위해 다음과 같은 여섯 가지 핵심역량을 제시했다.

2022 개정 교육과정의 6대 핵심역량

1. 자기관리 역량: 자신의 삶을 주도적으로 관리하고 책임지는 능력
2. 지식정보처리 역량: 정보를 탐색하고 분석하여 문제를 해결하는 능력
3. 창의적 사고 역량: 새로운 아이디어를 창출하고 적용하는 능력
4. 협력적 소통 역량: 다양한 방식으로 효과적으로 의사소통하는 능력
5. 공동체 역량: 다른 사람과 협력하고 배려하며 공동체에 기여하는 능력
6. 심미적 감성 역량: 예술과 문화에 대한 감수성을 바탕으로 삶의 질을 향상시키는 능력

이 핵심역량들은 단순한 구호가 아니라, 교과의 목표와 수업 방식, 평가에 이르기까지 전면적으로 반영되었다. 학생들은 이제, 암기한 지식을 나열하는 것이 아니라 그 지식을 자기 삶의 문제 해결에 어떻게 적용할 수 있는지 보여줘야 했다. 이러한 변화는 국제교육과정인 IB(International Baccalaureate)의 방향성과도 일치했다.

IB는 학습자상(IB Learner Profile)을 통해 전 세계 모든 IB 학교에서 동일하게 지향하는 인재상을 제시했다. 이 학습자상은 특정한 교과 내용보다도 더 근본적으로 "어떤 사람으로 자랄 것인가"를 묻는 교육 철학을 담고 있었다.

〈IB의 학습자상(IB Learner Profile)〉

1. 탐구하는 사람(Inquirers): 호기심을 가지고 학습하며 독립적으로 탐구하는 능력
2. 지식이 있는 사람(Knowledgeable): 다양한 주제에 대한 깊은 지식과 이해를 갖춘 사람
3. 사고하는 사람(Thinkers): 비판적이고 창의적인 사고를 통해 복잡한 문제를 해결하는 능력
4. 의사소통하는 사람(Communicators): 자신의 생각과 정보를 효과적으로 전달하고 다양한 언어로 의사소통하는 능력
5. 원칙을 지키는 사람(Principled): 정직하고 공정하며 책임감 있는 행동을 하는 사람
6. 마음이 열려 있는 사람(Open-minded): 다양한 관점과 문화를 존중하고 이해하는 태도
7. 배려하는 사람(Caring): 다른 사람의 감정과 필요를 이해하고 공감하는 능력
8. 도전하는 사람(Risk-takers): 새로운 도전과 변화에 용기 있게 대응하는 태도
9. 균형 잡힌 사람(Balanced): 신체적, 정서적, 지적 균형을 유지하며 삶을 조화롭게 살아가는 능력
10. 성찰하는 사람(Reflective): 자신의 학습과 경험을 되돌아보고 지속적으로 발전하는 태도

국제 바칼로레아 기구(IBO)에서 발행한 자료 「IB 교육이란 무엇인가?」에서 제시한 학습자상은 한국의 핵심역량과 놀라울 만큼 유사한 점이 많았다. 예를 들어 자기관리 역량은 IB의 탐구하는 사람과 성찰하는 사람과 맞닿아 있었다. 학생이 학습 목표를 스스로 설정하고, 과정에서의 실패를 돌아보며 다시 도전할 수 있어야 했다. 또한 창의적 사고 역량은 사고하는 사람과 연결되었다. IB에서는 정답을 외우는 것이 아니라, 정답을 찾아가는

과정을 설계하게 했다. 협력적 소통 역량과 공동체 역량은 IB의 의사소통하는 사람, 배려하는 사람, 원칙을 지키는 사람과 통한다. 특히 IB 수업에서 강조하는 발표, 토론, 협력 프로젝트는 한국 교육과정에서 강조되는 공동체적 학습과 직접적으로 맞닿아 있었다.

2022 개정 교육과정 핵심역량	관련된 IB 학습자상	설명
자기관리 역량	균형 잡힌 사람(Balanced), 성찰하는 사람(Reflective)	자기조절과 자기성찰을 통한 자기 주도성 강조
지식정보 처리 역량	탐구하는 사람(Inquirers), 지식이 있는 사람(Knowledgeable)	정보 탐색과 분석 능력 강조
창의적 사고 역량	사고하는 사람(Thinkers)	문제 해결력과 창의적 사고 능력 강조
협력적 소통 역량	의사소통하는 사람(Communicators)	다양한 방식의 효과적인 의사소통 강조
공동체 역량	배려하는 사람(Caring), 원칙을 지키는 사람(Principled), 마음이 열려 있는 사람(Open-minded)	타인 존중, 배려, 윤리성 및 사회적 책임 강조
심미적 감성 역량	균형 잡힌 사람(Balanced), 성찰하는 사람(Reflective)	예술적 감성, 문화적 감수성 등 전인적 성장 강조

전주의 한 고등학교에서 진행된 '지역사회 프로젝트'는 이 공통점을 잘 보여주는 사례이다. 학생들은 지역 문제를 조사하고, 다양한 관점에서 해결 방법을 도출하며, 그 결과를 포스터와 발표로 공유했다. 이 과정에서 지식은 수단이 되었고, 핵심역량은 목적이 되었다.

IB처럼 한국 교육과정도 이제 "무엇을 배웠는가"보다는 "무엇을 할 수 있게 되었는가"를 중심으로 수업을 설계하고 있었다. 그리고 그 출발점이 바로 이 핵심역량이었다.

결국, 한국 교육현장에서 IB 교육은 두 교육과정의 접점을 기반으로 설계되어야 했다. 입시 중심의 현실을 감안하되, 역량을 키우는 과정이 곧 입시 준비가 될 수 있는 구조, 핵심역량이 단지 수업 목표로 머무는 것이 아니라, 학생의 성장 이야기로 이어지고, 입시 서류에 녹아들 수 있어야 했다.

역량은 측정이 어렵다고 말한다. 하지만 학생이 어떤 사람으로 성장했는가를 보여주는 것이야말로 가장 설득력 있는 평가가 아닐까. 2022 개정 교육과정과 IB의 공통 지점에서, 우리는 '점수'가 아닌 '사람'을 중심에 두는 교육을 꿈꾸게 되었다.

'기준'이 달라지면, 배움이 달라진다

성취기준의 변화와 IB 교육과정의 만남

"선생님, 이건 시험에 나오나요?"

한 고등학생이 교실 한쪽에서 조심스럽게 물었다. 배움을 향한 질문이라기보다는, 생존을 위한 전략처럼 느껴졌다. '시험에 나오느냐'가 학습의 목적이 되어버린 교실, 이 장면은 지난 수십 년간 한국 교육의 일면을 보여주고 있었다. 그러나 2022 개정 교육과정이 제시한 성취기준 중심 교육은 그 익숙한 장면에 새로운 균열을 냈다.

성취기준은 더 이상 '교사가 가르쳐야 할 목록'이 아니었다.

이제는 학생이 배움을 통해 도달해야 할 구체적이고 실제적인 행동 수준이 되었다.

예를 들어, 국어 교과의 기존 목표가 "고전 문학의 특성을 이해한다"였다면, 개정 교육과정에서는 "고전 문학을 오늘날의 문제에 비추어 재해석하고 발표할 수 있다"처럼 적용 가능성과 창의성을 요구하는 방식으로 바뀌었다. 이는 단지 학습의 목표가 아니라, 학습의 결과를 학생 스스로 입증해 내야 하는 구조였다.

이러한 성취기준의 변화는 IB 교육과정과 매우 밀접하게 연결된다. IB에서는 이미 오래전부터 모든 과목과 활동에 대해 명확하고 계열화된 성취기준(Criteria)을 운영해 왔다. 특히 MYP(중등 프로그램)와 DP(고등 프로그램)에서는 평가가 '단순 점수'가 아닌 '수준 기반 평가(Criteria-based Assessment)'로 이루어졌다.

기준은 수용자 중심의 목표로서, 교육의 결과를 나타내고 학생들에게 길러질 능력을 강조하는 것이다. 성취기준의 이해(백남진, 온정덕, 2021)에서는 성취기준을 다음과 같이 세 가지로 분류하였다.

1. 내용 기준(content standards)은 학생이 '무엇을 알아야 하는가'를 제시한다.
2. 수행 기준(performance standards)은 학생이 '무엇을 할 수 있어야 하는가'를 구체적으로 보여준다.
3. 교육과정 기준(curriculum standards)은 교육과정 내에서 특정 학년이나 과목 수준에서 어떤 내용을 얼마나, 어떤 깊이로 다룰지를 규정한다.

이러한 구분은 교육과정-수업-평가의 연계성을 구조적으로 보장하기 위한 것으로, 학생의 학습 목표를 단순한 지식 습득을 넘어서 실제 수행과 사고 수준까지 연결하고자 하는 교육철학이 반영되어 있다.

IB 교육과정은 이와 유사하게, 학습 목표(learning objectives), 평가 기준(assessment criteria), 수업 설계 문서(planning documents) 사이에 높은 일관성을 유지한다. 예를 들어, MYP 과목에서는 A~D의 루브릭 기준을 통해 학생의 수행 수준을 진술하며, 이는 수행 기준(performance standards)과 구조적으로 매우 닮아 있다. DP에서도 Extended Essay나 TOK 평가에서는 수행을 평가하기 위한 명확한 진술된 기준이 루브릭으로 제공된다.

또한 IB는 각 학년 단계에 따라 개념의 깊이와 복잡성을 조절하는데, 이는 『성취기준의 이해』에서 말하는 '교육과정 기준'과 매우 유사한 기능을 수행한다. 즉 개념기반 탐구가 초등(PYP)에서 추상적 개념의 이해로 시작해, 중등(MYP), 고등(DP)으로 갈수록 개념의 전이, 다중관점 사고, 철학적 성찰로 발전하는 구조는 교육과정 기준의 수직적 배열과 일치한다.

한편, 성취기준의 이해(백남진, 온정덕, 2021)는 성취기준이 명확한 수행 동사(예: 분석한다, 평가한다, 설명한다)로 진술되어야 한다고 제시한다. 이는 학습 목표를 평가 가능하게 하며, 루브릭과 자기 평가, 동료 평가로 연결되는 평가 구조를 설계하는 데 필수적이다. IB 역시 모든 과목에서 수행 기준을 명료하게 진술하며, "학생이 무엇을 할 수 있어야 하는가"를 중심으로 수업과 평가를 설계한다.

결론적으로, 성취기준 체계는 IB 교육과정의 설계 철학과 본질적으로 유사하며, 개념 중심 교육, 수행 중심 평가, 수직적 교육과정 배열이라는 관점에서 IB와 높은 호환성을 갖는다. 따라서 두 접근의 연계는 한국 교육과정의 국제적 확장성과 교육적 내실을 동시에 강화하는 데 기여할 수 있다.

우리나라의 성취기준은 교육과정 문서에서 각 교과별로 제시되며, 학생이 학년 또는 학기 단위에서 도달해야 할 지식, 기능, 태도의 총체적 목표를 의미한다. 이는 교육과정－수업－평가의 일관성을 보장하는 핵심 도구로 기능하며, 최근 교육과정 개정 과정에서 역량 중심 교육과정과의 결합을 통해 더욱 중요성이 강조되고 있다.

반면, IB 교육과정은 과목별 '학습 목표(learning objectives)'와 평가를 위한 '성취기준(assessment criteria)'이 명확히 구분되어 있다. 특히 MYP에서는 A~D로 나뉜 성취기준이 모든 과목에 공통으로 적용되며, 각 기준은 다시 8점 척도 루브릭으로 세분화되어 있다. 이는 단지 학생이 무엇을 아는가뿐 아니라, 어떤 사고 수준에서 그것을 수행하는가를 구체적으로 관찰하고 진단할 수 있게 해준다.

최근 한국 교육과정 개정 방향에서도 핵심 개념과 성취기준의 연계를 강조하고, 역량 중심 성취기준의 구체화를 추구하고 있다는 점에서, 두 체제는 점차 철학적, 구조적으로 수렴하는 방향으로 발전하고 있다.

예를 들어, 2022 개정 국어과 교육과정에서는 학습자가 '자신의 경험을 시, 소설, 극, 수필 등 적절한 갈래로 표현한다'는 식의 수행 중심 성취기준이 제시되며, 이는 IB MYP 국어 과목에서 '정보의 분석, 평가, 적용'을 측정하는 A~D 기준과 유사한 구조를 가진다. 또한, 한국 교육과정의 성취기준이 평가 기준으로까지 체계적으로 연계되지 않는 데 비해, IB는 성취기준이 곧 평가 기준으로 직접 작동하며, 평가 루브릭을 통해 즉시 학습 피드백으로 환류된다. 결론적으로, 우리나라의 성취기준과 IB의 성취기준은 출발점과 체계는 다르지만, 궁극적으로는 '학생의 이해와 수행'을 중심으로 하는 학습 성장을 설계한다는 점에서 본질적으로 연결되어 있다.

IB의 성취기준 기반 평가

학생은 과제를 통해 '어떤 사고 과정'을 거쳐 결과를 도출했는가를 보여줘야 했다. 교사는 성취기준에 따라, 학생의 작업을 0~8점 또는 수준별 루브릭으로 평가했다. 이 과정은 정답 유무보다, 어떻게 도달했는가(How)에 집중했다.

한국 교육과정의 변화도 이와 같은 방향성을 띠고 있었다. 교육부는 성취기준 중심 수업이 기존의 지식 암기 중심 수업을 넘어, 문제 해결, 비판적 사고, 창의적 표현이 가능한 학생을 키워내기 위한 기반이라고 설명했다.

즉 이제 교사는 "얼마나 가르쳤는가"가 아니라 "학생이 무엇을 할 수 있게 되었는가"로 수업을 평가받는 구조가 된 것이다.

2024년 유네스코한국위원회에서 발간한 『2024 유네스코 교육의 미래 대응 프로젝트 우수사례집』에 수록된 사례이다. 정원여자중학교에서는 개정 교육과정의 성취기준에 따라 '기후 변화'를 주제로 융합 수업을 기획했다. 영어교과 수업 시간에는 토론 형식에 대한 이해 및 말하기 수행평가를 진행하였고 해외파트너학교와 국제공동프로젝트 실시하고 화상회의를 통한 결과를 공유하는 활동을 진행했다. 환경교과 수업 시간에는 기후변화에 영향을 미치는 많은 요인 중 의생활과 연관하여 환경에 미치는 영향에 대해 조사하고 해결책을 제시하는 탐구활동을 수행했다. 재활용품을 활용한 의복을 디자인하고 제작하였으며 영어교과 시간에 이어 토론하며 공동체 합의문을 도출했다.

모든 수업은 단편적인 사실 전달이 아니라, 학생이 탐구를 통해 결과물을 만들어내는 프로젝트형 과제로 구성되었다.

이 과정은 IB의 수업과 매우 유사했다. IB 역시 교과 간 융합, 실제 사회 문제 적용, 탐구 기반 과제를 강조했다. 무엇보다 인상 깊었던 것은 학생들이 자신들의 결과물을 성취기준에 비추어 스스로 평가하고, 개선하고, 다시 도전하는 과정이었다.

〈성취기준 기반 수업과 IB의 공통점 요약〉

- 학생 중심 수업 설계
- 루브릭 기반의 구체적인 평가 도구
- 과정에서의 사고와 표현을 강조
- 자기평가와 피드백 기반의 성장 지향 구조

IB에서는 이것을 "Assessment for learning", 즉 배움을 위한 평가라고 불렀다. 학생은 평가를 통해 자신의 학습 상황을 점검하고, 다음 학습 방향을 설계한다. 평가가 단절이 아니라 성장

순환의 일부가 되는 방식이었다. 2022 개정 교육과정도 이와 같은 '과정 중심 성취기준 평가'를 지향하고 있었다.

〈한국 성취수준 기반 수업 vs IB 수업〉

항목	한국 성취수준 기반 수업	IB 수업
교육 철학	기초 학력 향상, 표준화 교육	학생 중심 탐구, 글로벌 시민 육성
학습 방식	교과서 중심, 강의식 수업	프로젝트 기반, 토론 중심 학습
평가 방식	객관식 중심, 수행평가	논술형, 서술형 평가, 연구 과제
성취수준	등급(1~5등급)	절대평가(1~7점)
장점	기초 학력 향상, 대입 유리	창의적 문제 해결, 국제 인정
단점	창의성 부족, 자율성 제한	학업 부담, 대입 및 교육 시스템 연계 어려움

이런 교육과정의 변화는 학생의 입시 준비에도 점차 영향을 미치고 있었다. 서울대 입학처에서 공개한 2025학년도 대학신입학생 수시모집 안내를 보면 학생부 종합전형 평가 기준에 '지적 호기심과 탐구과정', '문제 해결력과 표현 능력'을 명시적으로 요구하고 있다. 이는 곧, 성취기준을 내면화하고 실제 활동으로 확장할 수 있는 학습 경험이 경쟁력이 된다는 것을 의미한다.

한국 공교육이 꿈꾸는 한국교육 현장의 IB 모델은 이 두 교육의 접점을 실천하는 체계였다. IB처럼 학습 목표를 명확히 하고, 그 목표를 성취기준으로 구체화하며, 학생이 주도적으로 학습의 결과를 만들어가는 구조, 그리고 그 과정에서 배운 내용과 성장 과정을 하나의 이야기로 입시에 연결할 수 있도록 돕는 시스템, 그것이 바로 "성취기준과 평가, 입시가 하나의 선으로 이어지는 배움의 디자인"이었다.

배움은 측정할 수 없다고 말하지만, 성장하는 모습을 구체적인 기준으로 보여줄 수 있다면, 그것이야말로 진정한 평가가 아니겠는가. 성취기준은 교실에서 시작되었고, 이제는 교육의 패러다임을 바꾸는 기초가 되고 있었다.

평가는 끝이 아니라, 시작이었다

과정 중심 평가와 IB 교육의 만남

"이 활동 점수에 반영돼요?"

한 학생이 프로젝트가 끝난 뒤 조심스레 물었다. 교사는 웃으며 고개를 끄덕였다. "물론이지. 그런데 점수보다 더 중요한 건, 너희가 이 과정을 통해 무엇을 배웠는지를 스스로 아는 거야."

그 말에 교실이 잠시 조용해졌다. 익숙하지 않은 평가 기준이었다. 하지만 그것은 분명 더 깊은 '무언가'를 요구하고 있었다.

2022 개정 교육과정은 '과정 중심 평가'를 핵심 변화 요소 중 하나로 제시했다. 학습의 결과물보다, 그 과정에서의 사고, 시도, 협업, 성찰 등을 포착해 내는 평가 방식이었다.

즉 정답을 맞히는 능력보다, 문제를 어떻게 이해하고 접근했는가, 실패 이후 무엇을 다시 시도했는가, 누구와 어떤 대화를 나눴는가를 평가의 주요 요소로 포함시켰다.

탐구 → 수행 및 표현 → 성찰 → 재설계 → 수행 및 표현 → 공유

IB 교육과정은 이 방식의 대표적인 실천 모델이었다. IB에서는 모든 학습 활동이 단편적인 결과물이 아니라, 탐구, 표현, 성찰의 순환 구조로 설계되었다. 예를 들어, 과학 프로젝트에서 학생들은 단순히 결과를 제출하는 것이 아니라, 실험 설계 과정, 관찰 및 분석, 결과에 대한 해석, 그에 대한 비판적 고찰을 모두 기록으로 남겼다.

이러한 학습의 전 과정은 포트폴리오, 자기평가 시트, 동료 피드백, 교사의 내러티브 평가를 통해 다층적으로 기록되었다.

〈IB에서의 평가: 다면적 성장 기록〉

- 학습 일지: 학생이 학습과정 중 느낀 점, 어려웠던 부분, 극복한 방식 등을 기술
- 자기평가: 스스로 자신의 과제를 평가하고, 개선점을 찾아 수정
- 교사 내러티브: 수치가 아닌 언어로 학생의 변화와 가능성을 기술
- 동료 피드백: 친구의 시선으로 보는 나의 장점과 보완점

2022 개정 교육과정도 이와 유사한 평가 문화를 지향하며 '과정 중심 평가'의 핵심은 학생의 인지적, 정의적, 행동적 변화 모두를 담아내는 것이라고 설명했다.

서울의 한 고등학교에서는 사회 교과 수업에서 '지역 격차 문제'를 주제로 프로젝트 수업을 진행하며, 과정 평가로 아래와 같은 항목을 적용했다.

- 조사 주제 선정 이유와 개인적 관심
- 탐구 질문 설정 및 자료 수집 전략

• 발표를 위한 협력 과정과 역할 수행
• 활동 이후의 반성과 사회적 확장 가능성

이러한 평가 구조는 단순히 점수를 주는 것을 넘어서, 학생이 자신의 학습 과정을 언어화할 수 있도록 유도했다. 그 결과, 학생들은 "이번 활동은 그냥 발표가 아니라, 내가 어떤 사람인지 알게 되는 과정이었다"라고 소감을 적었다.

IB는 이를 '성찰(reflection)'이라고 불렀다. 평가란 무엇이 부족한지를 지적하는 도구가 아니라, 학생이 스스로를 이해하고 성장 방향을 찾는 거울이 되어야 한다는 철학이었다. 이 성찰의 문화는 곧 자기주도성과 책임의식, 자존감을 함께 키우는 교육 방식으로 이어졌다.

〈과정 중심 평가와 IB의 공통점 요약〉
• 결과보다 과정에 주목
• 학생의 사고와 태도를 평가에 포함
• 자기평가 및 동료 피드백 강조
• 정량 아닌 정성 중심의 기록과 반영

IB를 한국 교육현장에 적용한 모델은 이처럼 학습의 흐름과 평가의 흐름이 일치하는 구조를 지향했다. 아이가 어떤 활동을 할 때, 그 과정 하나하나가 배움이 되고, 그 배움이 성장으로 이어지며, 그 성장이 다시 평가에 반영되는 선순환이다.

이러한 구조는 결과적으로 입시 서류에도 매우 강한 인상을 남기게 된다. 활동을 설명할 때 단순히 "무엇을 했다"고 적는 것이 아니라, "왜 하게 되었고, 어떻게 고민했고, 어떤 어려움을 마주했으며, 어떻게 극복했는지"를 자연스럽게 말할 수 있게 되는 것이다.

이것이 바로 IB가 오래도록 추구해 온 교육의 힘이자, 2022 개정 교육과정이 지향하는 평가의 본질이었다. 평가가 끝이 아닌 시작이 되고, 점수가 아닌 성장이 되는 학교. 그 길 위에 지금, 우리는 서 있다.

03

PART 03

교실에서 확장하다: 가능성을 증명하는 실천들

CHAPTER 06

수업과 평가, 경계를 넘는 시도들

성장은 결과가 아니라,
그 사이를 읽어내는 언어에서 시작된다.

한국의 교육에서 과연 주인공은 누구인가? 교육의 당사자인 학생이나 교사인가? 혹은 학부모인가? 그들이 목표로 삼고 있는 대학인가? 강의마다 만나는 학생들에게 공부를 하는 이유를 질문했을 때 가장 주를 이루는 답변은 '대학에 가기 위해서'이다. 학생의 꿈과 목표보다는 어떤 영역의 (주로 돈을 잘 버는 직종) 훌륭한 샐러리맨을 목표로 하고 있는 준비되지 않은 사회 초년생들이 고등학생이라는 옷을 입고 교실에 앉아있다는 느낌을 지울 수 없었다. 초등학교와 중학교를 거치며 현실의 몇몇 난관을 거쳐온 학생들은 부모로부터 사회로부터 그리고 수많은 매스미디어를 통해 심지어는 자신의 성적으로 인해 자신의 꿈과 목표를 점차 현실적으로 조정한다. 그들이 희망 전공을 고르는 중요한 기준은 전공의 전망이나 자신의 관심 해당 분야를 배우고자 하는 열망이 아니라 '돈을 잘 벌 수 있는가?', '취직은 보장되어 있는가?'라고 하는 지극히 세속적인 이유이다. 즉 한국의 교육에 있어 그 모든 수혜자는 결국 대기업으로 귀결되며 그 대기업으로의 취직을 위한 선결 조건으로 명문대학으로의 진학이 혹은 취업률이 좋은 전공으로의 진학이 진로에 대한 목표로 설정되어 있다. 그러한 학생들에게 끊임없이 꿈과 목표에 대해 질문을 던지며 대학에서 무엇을 배우고 싶은지에 대한 교과와는 전혀 상관이 없는 희망 진로에 대한 주제의 탐구활동, 수행평가 등 생활기록부의 기재를 통한 보여주기식 목표를 설정하도록 강요하고 있다. 교육의 목적이 입시에 국한되어서는 안 된다. 그러나 많은 학생들이 고교 생활에서 선택하는 수많은 활동이 그리고 학생들에게 제시되는 수많은 활동이 '무엇을 해야 대학이 원하는 훌륭 한 인재상을 잘 보여줄 수 있는가?'에 초점이 맞춰져 있다. 이는 수시와 정시로 대표되는 대학의 학생 선발과 평가 방식 중 수시의 '학생부 종합 전형'이 우리 고등학생의 3년을 좌지우지한다고 생각하지 않을 수 없게 한다. 심지어 여타의 수시 전형과 비교해도 조금 더 낮은 입시 결과를 형성하고 있는 '학생부 종합 전형'이기에 많은 학생들에게 실낱같은 기회 혹은 대학가기 편한 방법이라고 상당히 안일한 이유로 선택하게 되는 것일 수도 있다.

이 와중에 나의 자녀에게 혹은 앞으로 대한민국이라는 나라를 짊어질 다음 세대에게 더 나은 교육 경험과 고교 생활을 경험할 수 있게 하는 방편으로 고교학점제라는 명칭으로 대표되는 2022 개정 교육과정과 국제 바칼로레아(International Baccalaureate: 이하 IB)가 제시되고 있다. 이제 막 시도된 고교학점제보다는 국외에서 상당한 기간 동안에 인정을 받아왔던 IB가 더욱 주목을 받고 있는 듯하다.

6장과 7장에서는 평가 방식 중에서도 서·논술형 평가의 변화를 바탕으로 IB 혹은 고교학점제가 고교 교육 현장에서 학생 중심 교육이라고 하는 요구를 얼마나 충족할 수 있는가? 고교학점제 시대에 본격적으로 도입되고 있는 서·논술형 평가에 대한 개선 내용 등 현행의 대학 입시 체제에서 많은 학부모들이 매년 자신의 자녀들이 가장 큰 희생양, 제물, 시범타와 같은 표현을 쓸 정도로 교육 제도의 변화와 개선이 학생들의 고교 생활과 대학 진학에 있어 디딤돌이 될 수 있는지에 대해 알아보고자 한다.

1. 평가, 성적을 넘어 배움의 언어가 되려면

시험이 사라지면 학교는 재미있고 즐거운 공간이 될 수 있을까? 실제로 대다수의 학생들은 시험만 없다면 수업이 재미있을 것 같다는 주장을 하곤 한다. 자신이 관심을 가지고 있는 과목을 집중해서 학습하고, 친구들과는 즐거운 학창시절을 보내며, 심지어 급식마저 맛있는 공간이 학교라면 어느 학생이 학교를 마다하겠는가?

그러나 우리 학생들은 대학 진학을 목표로 한 입시 위주의 경쟁 속에서 나의 성적에 대해 언제나 '우리 학교에는 저보다 공부를 잘하는 학생들이 많아서요'라는 변명과 더불어 과도한 압박감과 긴장감으로 인한 시험 우울증, 스트레스, 시험장에만 들어가면 생기는 두근거림, 복통, 어지럼증에 시달리고 있다.

이러한 평가에 대해 오래전 학부시절 배웠던 교육학 전공 교재에서는 '교육평가란 학습자의 행동변화 및 학습과정에 관한 제반 정보를 수집하고 이용하여 교육적 의사결정을 내리는 데 도움을 주거나 교육적인 가치 판단을 내리는 과정', '평가의 주된 관심은 교육의 질 향상, 학습자의 학업성취도 평가, 즉 가르치고 배운 행위가 잘 이루어졌는가에 대한 물음에 답을 찾아 가는 것으로 수업과정 전체 또는 교육과정 전체에 대한 평가이며 피드백'으로 정의하고 있었음을 기억한다. 우리는 흔히 평가를 수단으로 사용하지만, 평가는 '상급 학교 진학을 위한 학습자의 서열화 도구'가 아니다.

대한민국의 고교 교육 과정에서 일반적으로 평가는 크게 지필평가와 수행평가로 나뉜다. 지필평가는 중간고사와 기말고사로 나뉘며 최근에는 교과에 따라 기말고사 1회만 치르는 학교도 있다. 중간고사와 기말고사는 일반적으로 객관식 문항과 서술형 혹은 서답형 문항으로 구성되어 있으며 학기 중 교육과정으로 편성된 과목과 다른 과목을 평가해서는 안 되며, 학교 교육과정의 범위와 수준을 벗어난 내용을 출제할 수 없다. 극히 일부의 사례이나 충남의 S고등학교의 경우 이러한 지필고사에서 논술형 문항이 출제된 적이 있었음을 확인한 바 있다.

지필고사 외에도 최근 많은 학생들이 상당히 곤란을 겪고 있는 것은 사실 수행평가가 아닐까 싶다. 물론 수행평가뿐만 아니라 자율활동, 동아리 활동, 진로 활동 등 창의적 체험 활동에서 제출해야 하는 산출물과 발표 준비까지 중간고사와 기말고사 사이 그리고 기말고사 이후 이 두 시기에 학생들은 자신의 생활기록부를 더욱 풍성하게 채우기 위한 노력의 일환으로 학교 수업, 학원 수업, 수행평가로 대표되는 학교 숙제, 다가올 시험을 대비하기 위한 학원 숙제까지 밀려드는 학업 스케줄로 굉장한 스트레스를 받곤 한다. 심지어 이러한 수행평가의 경우 과목마다 동일하게 부여되는 것이 아니며 각 교과별 담당 교사의 기획에 따라 쪽지 시험부터 포트폴리오 작성, 노트 검사, 실험 활동, 탐구 활동, 거꾸로 수업, 독후 활동, 진로 발표 등 수만 가지 유형의 수행평가를 접하게 된다. 게다가 이러한 활동의 결과가 자신의 생활기록부에 직결되며 기재된 내용이 어느 대학교의 이름도 얼굴도 알 수 없는 입학사정관으로부터 (학생들이 느끼기에) 극히 짧은 시간의 검토를 통한 평가를 기반으로 자신의 대입이 결정된다는 불안에 조금이라도 더 좋은 주제, 조금이라도 자신의 진로, 학업 역량을 잘 드러낼 수 있는 활동에 목을 매고 있는 것이 현실이다. 교과의 성취를 평가하기 위한 수행평가인지 대학 진학을 위한 수행평가인지 주객이 전도된 것만 같은 현실에 아연할 수밖에 없으나 수행평가 역시 사실은 과제가 아니라 평가라는 이름이 붙어있는 엄연한 시험의 일종임을 잊어서는 안 될 것이다. 이러한 지필평가와 수행평가에 대한 지침은 다음과 같다.

평가 운영 방안[4)]

1	지필평가 문제는 타당도, 신뢰도를 제고할 수 있도록 출제하고, 평가의 영역, 내용 등을 포함한 문항정보표 등 출제 계획을 작성하여 활용하며, 동일 교과 담당교사 간 공동 출제를 한다.
2	지필평가는 문항별 배점을 표시하여 가급적 100점 만점으로 출제하고 문항의 수준별 난이도의 배열에 유념한다. 2025.03.01 변경 지필평가는 문항별 배점을 표시하여 가급적 100점 만점으로 출제한다. 또한, 다양한 성취수준을 판별할 수 있도록 문항의 난이도를 고려하여 출제하고 난이도에 따른 문항 배열에 유의한다.
3	시 · 도교육청의 학업성적관리 시행지침에 따라 학업성적관리규정에 지필평가 관련 보안규정과 시험지 유출 시 처리기준을 마련하고, 평가 문제는 출제 · 인쇄 및 평가의 전 과정에서 보안이 유지되도록 철저히 관리한다. 2025.03.01 변경 지필평가 관련 보안규정과 시험지 유출 시 처리기준은 학업성적관리규정으로 정하고, 평가 문제는 출제 · 인쇄 및 평가의 전 과정에서 보안이 유지되도록 철저히 관리한다.
4	정규교육과정 외에 학생이 수행한 결과물에 대해 점수를 부여하는 과제형 수행평가는 실시하지 않는다. 2025.03.01 변경 모든 수행평가는 수업 중 실시하는 것을 원칙으로 하며, 수업시간 외 가정 등에서 이루어지는 '과제형 수행평가'는 실시하지 않는다.
5	수행평가의 점수는 점수화가 가능한 영역의 점수만 반영하되, 기본점수의 부여 여부, 부여 점수의 범위 등은 시 · 도교육청의 학업성석관리 시행지침에 따라 학교의 학업 성적 관리 규정으로 정한다. 2025.03.01 변경 수행평가의 점수는 점수화가 가능한 영역의 점수만 반영하되, 기본점수의 부여 여부, 부여 점수의 범위 등은 학업성적관리규정으로 정한다.

4) 학교생활기록부 작성 및 관리 지침(훈령) 개정(안).

6	시 · 도교육청의 학업성적관리 시행지침에 따라 학업성적관리규정에 지필평가 및 수행평가의 이의신청 절차를 마련하고, 이의신청이 있을 때에는 절차에 따라 면밀히 검토하여 처리하여야 한다. 또한, 평가문항의 이의신청에 따른 오류 검증을 위해 필요시 외부 전문가의 자문을 받을 수 있다. 2025.03.01 변경 지필평가 및 수행평가의 이의신청 절차는 학업성적관리규정으로 정하고, 이의신청이 있을 때에는 절차에 따라 면밀히 검토하여 처리하여야 한다. 또한, 평가문항의 이의신청에 따른 오류 검증을 위해 필요시 외부 전문가의 자문을 받을 수 있다.
7	채점 등 평가 결과를 전산처리할 경우, 교과 담당교사는 전산처리 결과의 이상 유무를 철저히 대조 · 확인해야 한다. 2025.03.01 고등학교 학업성적 평과 결과 처리 항목으로 이동
8	개인 정보 보호를 위해 지필 및 수행평가 결과는 학생 본인만 확인하도록 하며, 타인에게 성적 정보가 노출되지 않도록 유의해야 한다. 2025.03.01 고등학교 학업성적 평과 결과 처리 항목으로 이동
9	성적처리 및 학생 확인이 완료된 지필평가의 학생 답안지는 성적산출의 증빙자료로 5년간 보관한다. 2025.03.01 고등학교 학업성적 평과 결과 처리 항목으로 이동
10	수행평가의 결과물은 학업성적관리위원회의 심의를 거쳐 보관기간을 결정하여 시행한다. 2025.03.01 고등학교 학업성적 평과 결과 처리 항목으로 이동
11	성적처리가 끝난 수행평가의 중요한 자료는 성적 산출의 증빙자료로 졸업 후 1년 이상 당해 학교에 보관하며, 상급학교 진학 시 입학전형권자의 요청이 있을 경우 이를 전형자료로 제공할 수 있다. 2025.03.01 고등학교 학업성적 평과 결과 처리 항목으로 이동

특히 이번 2022 개정 교육과정의 시행으로 2025년 고등학교 1학년에 진학한 학생들의 경우 평가 결과의 처리 역시 기존과 달라진 부분이 크다. 9등급의 상대 평가제는 5등급의 상대평가로 등급당 비율폭이 다음과 같이 확대되었다.

9등급제	구간	누적
1등급	4%	4%
2등급	7%	11%
3등급	12%	23%
4등급	17%	40%
5등급	20%	60%
6등급	17%	77%
7등급	12%	89%
8등급	7%	96%
9등급	4%	100%

5등급제	구간	누적
1등급	10%	10%
2등급	24%	34%
3등급	32%	66%
4등급	24%	90%
5등급	10%	100%

또한 표준편차가 사라지고 성취도별 분표비율이 삽입된다. 과목별 성취도는 성취율에 따라 다음과 같이 평정하되 기준 성취율에 따른 분할 점수는 과목별로 학교가 설정할 수 있다.

성취율	성취도
90% 이상	A
80% 이상~90% 미만	B
70% 이상~80% 미만	C
60% 이상~70% 미만	D
60% 미만	E

tip 저 학교에 다니는 친구랑 점수는 똑같은데 성취도가 달라요!

고정분할점수와 단위학교 산출 분할점수

이때 수학 I 과목을 이수한 A학교에 재학 중인 학생과 B학교에 재학 중인 학생이 동일한 85점의 점수를 받았다고 가정했을 때 A학교 학생은 성취도 A를 받고 B학교 학생은 성취도 B를 받게 되는 경우가 있다. 이는 고정 분할 점수와 단위학교 산출 분할점수로 인해 발생하는 경우인데, 고정분할점수는 사전에 성취준거를 고려하여 평가도구를 제작한 후, 학생의 성취도를 구분하는 기준 성취율과 시험점수를 1:1로 대응하여 적용하는 90/80/70/60점의 분할점수를 고정시켜 적용하는 방식이기 때문에 B학교에 재학 중인 학생이 성취도 B를 받았다면 이는 고정분할 점수를 적용하였다고 볼 수 있다. 반면 A학교에 재학 중인 학생은 평가 문항의 내용과 특성을 고려하여 이를 근거로 담당교사들이 논의를 거쳐 합의를 통해 각 성취준거에 해당하는 적절한 분할점수를 산출하는 단위학교 분할점수가 적용되었기 때문에 A의 성취도를 받게 된 경우이다. 물론 이 과정에서 문항을 특성과 난이도에 따라 범주화하고 범주별 예상정답률을 추정해야 하는 등의 과정을 거쳐야 한다.

단, 보통 교과 공통 과목의 과학탐구 실험, 보통 교과 체육·예술 교과(군)의 일반 선택 과목, 보통 교과 진로 선택 과목(진로 선택으로 편성된 전문 교과 포함), 전문 교과I 과학계열 교과(군)의 융합과학 탐구, 과학과제 연구, 물리학 실험, 화학 실험, 생명과학 실험, 지구과학 실험, 전문 교과I 국제계열 교과(군)의 사회 탐구 방법, 사회과제 연구의 성취도는 원점수에 따라 다음과 같이 평정한다.

성취율(원점수)	성취도
80% 이상~100%	A
60% 이상~80% 미만	B
60% 미만	C

위의 등급과 성취도 평정에 따라 25년 고등학교 1학년부터는 다음과 같은 형태의 성적표를 받게 된다.

학기	교과	과목	학점	원점수/ 과목평균	성취 도	성취도별 분포비율	석차 등급	수강 자수	비고
1									
2									
이수학점 합계									

이때 학생들이 하는 큰 착각들 중에 하나가 '이번 중간고사에서 85점 정도 받아서 3등급쯤 나올 것 같아요(아마 이번 1학년은 2등급이 될 수도 있다). 기말고사에서 노력해서 시험을 잘 보면 2등급까진 올릴 수 있겠죠?'와 같은 착각이다. 모든 고등학교는 매 학기가 시작되면 교수 학습 평가 계획안을 공개하도록 되어있다. 심지어 학생들의 검색이 용이하도록 학교알리미에 친절하게 게재되어 있다. 이 교수학습 계획안을 보면 학생들의 점수는 중간고사와 기말고사의 지필고사만으로 구성되는 것이 아니라 수행평가 점수를 합산하여 최종 원점수를 산출하게 되어 있다. 이때 지필평가와 수행평가의 점수 비율 구성을 확인할 수 있다. 지필평가 70% 수행평가 30%에서부터 지필평가 20% 수행평가 80%까지 생각보다 다양한 형태의 조합이 나타나고 있으며 지필평가 60% 수행평가 40%가 가장 많이 확인된다. 각 평가 비율에 따른 점수 결과는 다음과 같이 나타난다.

	중간고사	기말고사	수행평가1	최종원점수
지필7:수행3	85	85	100	89.5
지필6:수행4	85	85	100	91
지필5:수행4	85	85	100	92.5
지필4:수행6	85	85	100	94
지필3:수행7	85	85	100	95.5
지필2:수행8	85	85	100	97

즉 수행평가의 비중이 지속적으로 확대되고 있는 상황에서 중간고사와 기말고사의 점수만 신경 쓴다면 최종적으로는 생각

한 것과는 전혀 다른 최악의 결과를 받게 될 수 있다는 점이다. 이러한 지점에서 수행평가와 학교 생활에 중요도가 더욱 높아지고 있다는 점은 말할 것도 없다. 여기서 문제는 많은 학생들이 수행평가를 '또 다른 과제'로만 인식한다는 점이다. 수행평가는 '시험의 또 다른 이름'이 아니라, 학생의 학습 과정을 살피고 사고의 확장을 유도하는 도구가 되어야 한다. 수행평가의 의미를 되찾기 위해서는 교과 개념에 기반한 정교한 문항 설계가 필요하다. 그저 '1등급이면 좋은 건가 보다.' 하던 시대는 끝났다. 1등급이 중요한 것이 아니라 이 학생의 학교 생활 전반의 중요도가 매우 높아지고 있음을 다시금 상기시킬 필요가 있다.

2. 정답 대신 문장을 쓰게 하라

서술형 평가보다는 서술형 문항이라는 표현이 조금 더 친근하게 느껴질 듯하다. 중간고사나 기말고사에서 많은 학생들에게 두려움의 대상이었던 단답형 혹은 서답형보다는 답을 길게 써야 하는 문제이다. 그리고 논술 역시 고등학교에서의 논술이라기보다는 대학 진학을 위한 수시 전형 중 논술 전형을 떠올리는 분이 많을 것이다. 이러한 서・논술형 평가를 고등과정에 도입해야 한다는 주장은 이번 2022 개정 교육과정에서 최초로 등장하여 시도되는 것은 아니다.

교육과정 총론에서 제시한 서 · 논술형 평가의 방향

교육과정 시기	내용
6차, 7차, 2007 개정	교과의 평가는 선다형 일변도의 지필 검사를 지양하고, 서술형 주관식 평가와 표현 및 태도의 관찰평가가 조화롭게 이루어지도록 한다.
2009 개정	교과의 평가는 선택형 평가보다는, 서술형이나 논술형 평가 그리고 수행평가의 비중을 늘려서 교과별 특성에 적합한 평가를 실시하도록 한다.
2015 개정	서술형과 논술형 평가 및 수행평가의 비중을 확대한다.
2022 개정	수행평가를 내실화하고 서술형과 논술형 평가의 비중을 확대한다.

서답형 문항의 종류와 특징

문항 유형	특징
완성형 문항	제시된 빈칸에 적절한 단어, 숫자, 기호 등으로 작성
단답형 문항	제시된 질문에 적절한 단어나 구, 숫자, 수식, 그림 등 제한된 형태로 작성
서술형 문항	지식이나 개념, 원리, 풀이 과정 등을 차례대로 설명하여 작성
논술형 문항	자신의 주장과 근거를 논리적이고 설득력 있게 조직하여 작성

수행평가에서 서・논술형 평가가 강조되면서 실제로 다음과 같은 형태의 평가 구성이 가능해진다.

순	과목명	단위수	반영비율(%)						분할점수산출 방식 (등급평정)	비고
			1차 지필평가	2차 지필평가	수행평가 (요소별 비율)					
1	공통국어1	4	25%	20%	수행평가1 포트폴리오형	수행평가2 구술형	수행평가3 논술형		고정분할점수	
					20%	25%	10%		(A-B-C-D-E)	
2	공통영어1	4	20%	20%	수행평가1 포트폴리오형	수행평가2 포트폴리오형, 구술형	수행평가3 논술형		고정분할점수	
					25%	25%	10%		(A-B-C-D-E)	
3	공통수학1	4	10%	10%	수행평가1 포트폴리오형	수행평가2 구술형	수행평가3 논술형	수행평가4 프로젝트형	고정분할점수	
					20%	20%	20%	20%	(A-B-C-D-E)	
4	통합사회1	3	0%	40%	수행평가1 포트폴리오형	수행평가2 구술형	수행평가3 논술형		고정분할점수	1차 지필 없음
					20%	20%	20%		(A-B-C-D-E)	
5	한국사1	3	0%	40%	수행평가1 포트폴리오형	수행평가2 구술형	수행평가3 논술형		고정분할점수	1차 지필 없음
					20%	20%	20%		(A-B-C-D-E)	
6	통합과학1	3	0%	40%	수행평가1 포트폴리오형	수행평가2 구술형	수행평가3 논술형		고정분할점수	1차 지필 없음
					20%	20%	20%		(A-B-C-D-E)	
7	과학탐구실험1	1	0%	0%	수행평가1 포트폴리오형	수행평가2 구술형	수행평가3 논술형	수행평가4 자료제작형	고정분할점수	지필 없음
					30%	30%	20%	20%	(A-B-C-D-E)	

평가 반영비율부터 수행평가까지 상당히 다양하게 구성되며 실제 학생의 성적 결과에 비단 지필 평가만이 영향을 주는 것이 아니라는 것을 확인할 수 있다. 다만 이 지점에서 눈여겨볼 것은 수행평가의 구성인데 사실 가장 많이 보이는 형태는 포트폴리오형, 구술형, 논술형이 아닌가 싶다. 특히 논술형 수행평가가

상당히 특징적인데 이러한 서·논술형 평가 방법에 대해 교육부에서 제시한 문항은 다음과 같다.

서 · 논술형 평가 도구 개발의 방법과 사례-수학

◇ **평가 문항 개발하기**

[논술형] 다음은 점 $(0, 2)$에서 원 $x^2+y^2=2$에 그은 접선의 방정식을 두 가지 방법으로 구한 것이다. 물음에 답하시오. [총 7점]

〈자 료〉

[방법 1] 접점을 $\mathrm{P}(x_1, y_1)$이라 하자.
접점을 $\mathrm{P}(x_1, y_1)$이라고 하면 접선의 방정식은
$x_1x+y_1y=2$이다.
이 직선이 점 $(0, 2)$를 지나므로
$x_1\times 0+y_1\times 2=2$, 즉 $y_1=1$이다.

(가)

[방법 2] 접선의 기울기를 m이라 하자.
접선의 기울기를 m이라고 하면 접선의 방정식은 $y=mx+2$이다.
이 식을 $x^2+y^2=2$에 대입하여 정리하면 $(m^2+1)x^2+4mx+2=0$이고,
이 이차방정식의 판별식을 D라고 하면

(나)

(1) (가), (나)에 들어갈 알맞은 내용을 각각 쓰시오. [4점]

(2) 점 $(1, 3)$에서 원 $x^2+y^2=1$에 그은 접선의 방정식을 구하려고 한다. [방법 1]과 [방법 2] 중 더 적절하다고 생각하는 방법을 선택하여 접선의 방정식을 구하고 그 방법을 선택한 이유를 쓰시오. [3점]

교육부에서 제시한 수학 논술형 평가도구의 예시는 실제 대학 수시 논술전형에서 만날 수 있는 문항의 하위호환 버전처럼 느껴진다. 수리 논술 혹은 이과 논술이란 무엇인가? 일반적으로 논술이라 하면 자신의 주장에 대한 근거를 일관성 있고 인과관계에 맞게 전달하는 것을 목적으로 한다. 그렇다면 수학에서 어떠한 주장을 해야 하는가? 실제로 수학에 무슨 논술이냐는 주장도 있다마는 수학의 여러 분야 중 수학논리학이라는 분과 학문

이 있을 정도로 수학적인 논리를 평가하는 것이 바로 수리논술이다. 그러나 필자의 경우 이러한 수리 논술에 대해 수학 서술형 시험의 확장판이라고 생각한다. 대신 어떤 문제를 풀어 결론을 내기까지의 과정을 평가하며, 그 과정상에 논리적인 문제는 없는지, 이러한 생각이 답안지에 잘 표현되었는지를 평가하게 되는 것이다. 사실 논술이라는 이름을 붙이기에는 적절하지 못하다는 생각이 여전히 있다. 당연하게도 수학은 답이 정해져 있기 때문에 어떤 주장을 할 수 있는 학문이 아니다. 물론 기존에 없었던 새로운 증명을 시도한다면 이야기가 달라지겠으나 고등 과정에서 이런 일을 할리 만무하니 실질적으로는 수학적 사고와 풀이과정의 적절성 평가가 더 적절한 표현이 아닐까 생각해 본다. 개인적인 의견은 차치하고 위의 문항은 상당히 의미가 있다. 고등 1학년 교과과정에서 접선의 방정식에 대해 학습한 학생이 접선의 방정식을 구하는 여러 방법 중 어떤 방법을 선택할 것인가? 그리고 '당신은 왜 그런 방법을 선택했는가?'라는 질문에서 그냥 이 방법이 편해서가 아니라 이러한 조건이 주어졌을 때 이 방법을 사용하는 것이 결과를 도출하는 데 더 용이하다는 자신의 생각을 표현해야 하기 때문이다. 다만 적절성에 대한 평가는 아쉽다. 분명 두 가지 방법 모두 고등 1학년 교과과정에서 학습하는 방법인데 두 방법 중 하나는 덜 적절하고 다른 하나는 더 적절하다는 것은 논리에 맞지 않는다. 더 적절한 방법이 있는데 왜 굳이 교과과정에서 덜 적절한 방법을 학습해야 하는가? 물론 이는 평가 문항을 개발하는 데 있어 그 사례일 뿐이니 문항의 적절성을 더 이상 평가하는 것은 무의미할 수 있다. 다만 다양한 과목에서 학생들의 논리적 사고 과정을 평가하기 위한 시도가 지속되고 있다는 점을 인지할 필요가 있고 이러한 과정에서 자신이 학습한 교과의 개념과 원리에 대한 면밀한 이해가 필요하기 때문에 그 이해를 바탕으로 학습한 개념의 확장 또는 타 교과와의 연계 등이 용이해질 수 있다.

서 · 논술형 평가 도구 개발의 방법과 사례-사회

◇ 평가 문항 개발하기

(가)~(다)의 내용을 바탕으로 물음에 답하시오.(8점)

〈자 료〉

(가)

인간은 자유롭고 독립적인 존재가 아니라 사회 속에서 다른 사람들과 서로 연결되어 있다. 우리가 자신을 자유롭고 독립적인 자아로 여긴다면, 그래서 스스로 선택하지 않은 도덕에 구속되지 않는다고 생각한다면, 우리가 공통적으로 인식하고 칭찬하기까지 하는 다양한 도덕적·정치적 의무를 이해할 수 없다. 여기에는 연대와 충직의 의무, 역사적 기억과 종교적 신념에 관한 의무가 포함된다. 우리는 우리의 정체성을 형성한 공동체의 전통으로부터 생겨난 도덕적 의무를 가진다. 우리가 자신을 공동체에 대한 '부담을 감수하는 자아'로 여기지 않는 한, 즉 내가 정하지 않은 도덕적 요구까지 받아들일 자세를 취하지 않는 한, 우리가 경험하는 도덕과 정치에서 그러한 의무를 이해하고 받아들이기는 어려울 것이다.

- 마이클 샌델, 「정의란 무엇인가」(김영사, 2010), 308쪽 재구성

(1) (가), (나)는 각각 자유주의적 정의관과 공동체주의적 정의관 중 어떤 관점에서 쓴 것인지 〈조건〉에 맞게 서술하시오. (4점)

〈조건〉

- (가), (나) 각각이 어떤 정의관에 기초하여 쓴 글인지 구분할 것
- (가), (나)에서 개인을 바라보는 관점을 근거로 포함하여 서술할 것

(2) (다)의 밑줄 친 ㉠에 대해 (가), (나)에 나타난 관점을 지닌 자가 각각 어떤 답변을 할지 〈조건〉에 맞게 서술하시오. (4점)

〈조건〉

- (가), (나) 각각의 관점에서 일반적으로 할 수 있는 답변을 서술할 것
- 각각의 관점에서 그와 같은 답변을 하는 근거를 제시문 (가), (나)에서 찾아 포함할 것

(각각의 관점에서 할 수 있는 답변만을 서술하고, 근거를 서술하지 않거나 잘못 서술한 경우는 점수를 부여하지 않음)

사회교과의 평가 문항도 수학교과처럼 실제 대학 수시 논술전형에서 만날 수 있는 유형이다. 다만 수시 논술전형보다 학생이 작성해야 하는 조건이나 기준을 친절하게 제시해 주고 있다. 사회교과는 사실 논술이라고 하는 평가가 가장 적절한 교과이

지 않을까 생각하는 교과 중 하나인데, 실제로도 암기과목의 대표주자인 사회계열의 과목은 그 지식을 암기하는 것이 중요한 것이 아니라 암기한 지식이 실제 상황에 어떻게 적용되고 발생하는지 이해하는 것이 더 중요하다고 판단하기 때문이다. 실제로 교과시간에 배운 여러 사회 원리들은 우리 주변의 사회 문제로 혹은 사회 현상으로 등장하고 있고 학생들이 어떤 진로를 희망하건 그러한 사회에서 살아가야 할 텐데 앞으로 살아가야 할 사회의 기본 소양을 가르치는 과목에서 단순 암기 후 시험이 끝나면 모든 것을 기억 속에서 삭제시키는 형태의 교육으로는 해당 교과가 학생들에게 도움이 되지 않을 것이기 때문이다. 당연하게도 이러한 논술형 평가가 향후 학생의 미래를 위한 평가가 될 수 있기를 기대하고 학생들 역시 학교에서 배운 지식이 교과서 속 지식이 아니라 그 원리를 확장할 수 있고, 나의 생각을 더해 볼 수 있는 기회로서 받아들였으면 하는 바람이 있다.

위의 문항들을 통해 작은 기대와 바람이 있지만 사실 교수학습 평가 계획안에는 누락된 정보가 많기도 하고, 실제 교수학습 평가 계획안과는 다른 수행평가가 진행되기도 한다. 논술형 평가라고 되어있지만 그냥 간단한 점수주기식 쪽지 시험이 진행되는 경우도 있고 학생들에게 무조건 자신의 진로와 연계하여 주제를 잡아와야 한다는 기준이 제시되는 경우도 많다. 그 기준을 어길 수 없는 학생들의 입장에서 학생들의 교과 학습에 대한 이해 정도를 판단하고 이를 적용해 볼 수 있는 수행평가의 구성이 필요하다고 생각되는 부분이다. 생활기록부의 자율 활동, 동아리 활동, 진로 활동에서부터 등장하는 희망 직업과 전공이 세부능력 및 특기 사항의 각 교과 평가에까지 넘쳐서 마치 3년 내내 직업과 진로만을 생각하며 살아온 학생처럼 보이는 생활기록부보다 해당 교과에서의 이해를 바탕으로 학업 역량과 탐구역량을 면밀히 판단할 수 있는 학교 생활을 제공하는 것이 옳지 않겠는가? 진로가 정해진 학생들은 정말 아침에 일어나서 '안녕히 주무셨어요? 저는 의사가 될 거예요'로 하루를 시작해서 잠들기 전 '안녕히 주무세요. 저는 의사가 될 거예요'로 마무리 되는 삶을 사는 것 같은 생활기록부가 상당히 많이 등장했고 아직도 그런 생활기록부가 자신을 잘 표현해 준다고 착각하는 학생들이 아직도 많다는 점에서 교육 문화의 변화가 매우 절실하다. 실제로 "'저는 의사가 될 거예요'로 하루를 시작해 '의사가 될 거예요'로 마무리하는 학생들"은 단언컨대 없다. 진로는 고정된 목표가 아니라 탐색의 과정이며, 학교는 이 과정을 기록하고 지원하는 공간이어야 한다. 생활기록부는 학생의 '직업 지향성'이 아닌 '학업 성장 궤적'을 담아야 한다.

그 지점에서 논술형 평가의 확대에 대한 의견은 반반이다. 일회성 논술형 평가만으로는 학생이 도대체 어떤 성장을 하고 있는지에 대한 평가가 어렵다는 판단이다. 장기적으로 해당 교과목에서 학생이 수학한 여러 개념과 원리들을 통해 자신이 생각하는 주제와 문제를 이끌어내고 이를 논리적인 근거를 바탕으로한 자신의 주장을 담아낸 결과물로서 평가하는 과정이 필요하다. 이러한 과정 속에서 학생들의 성장 과정이 자연스럽게 표출되고 마찬가지로 그 과정에 대한 평가를 하는 여러 주체들이 지금 2022 개정 교육과정에서 피를 토하며 외치는 학업 역량, 탐구 역량, 진로 역량이라고 하는 영역에 대해 보다 선명하게 평가할 수 있지 않을까 생각한다.

3. IB의 서·논술형 평가: 사고의 흐름과 논리의 명료함을 묻다

국제 바칼로레아(IB)의 평가, 특히 디플로마 프로그램(DP)에서 이루어지는 서·논술형 평가의 핵심은 '정답의 유무'보다 '사고의 전개 과정'에 있다. 이는 학생이 단지 암기한 지식을 재현하는 데 그치지 않고, 주어진 자료를 해석하고 자신만의 시각을 구성하여 논리적으로 서술하는 능력을 길러야만 하는 구조다.

예컨대 IB의 수학 평가에서도 서술형 문항은 풀이 과정뿐만 아니라 전략 선택의 이유, 해석의 정확성, 수학적 표현의 명확성을 함께 본다. 아래는 실제 IB 수학 SL(Standard Level) Paper 2의 서술형 문항 예시다.

> [IB 수학 SL Paper 2 실제 문항]
> "입자 $s(t)=t^2\cos t+2\sin t(0\leq t\leq 5)$의 변위가 주어져 있다.
> (a) 원점 O로부터의 최대거리를 구하라.
> (b) 처음으로 진행 방향이 바뀌는 순간의 가속도를 구하라."

이 문항은 단순 계산을 넘어, 조건 해석 → 미분(속도·가속도) 적용 → 극값 판단(방향 전환 시점 판정)을 연결해 풀이 과정을 근거와 함께 서술해야 한다. 즉, 답만이 아니라 왜 그렇게 푸는지의 논리가 평가의 핵심이 된다.

사회과목에서는 학생 스스로의 주장을 정립하고 다양한 시각을 고려하여 평가자의 질문에 논리적으로 응답해야 한다. 예를 들어 IB의 Global Politics 평가에서는 다음과 같은 문항이 등장한다.

> [IB 글로벌 정치 Paper 2 예시]
> "Examine the claim that increased interactions and interconnectedness in global politics have fundamentally changed the nature of state sovereignty."

이 문항은 학생이 '국가 주권(state sovereignty)'이라는 핵심 개념을 먼저 정의하고, 구체적 사례를 들어 상호작용과 상호연결성이 주권의 성격을 어떻게 변화시켰는지 분석해야 한다. 이어서 변화가 제한적이거나 다른 요인으로 설명될 수 있는 반례를 검토하고, 최종적으로 그 타당성을 평가하여 결론을 내려야 한다. 즉, 단순히 '국가 권력이 약화되었다'는 일방적 주장에 머무르지 않고, 근거와 한계까지 균형 있게 제시하는 능력이 요구된다.

IB의 평가 체계는 '채점 기준의 명확성'과 '다중 채점자의 일치도'를 높이기 위해 루브릭 중심의 평가 체계를 갖추고 있으며, 이 루브릭은 사고의 깊이, 구조의 명확성, 개념의 적절성 등을 포함한다. 학생이 어떤 주장을 했는가보다, 그것이 어떻게 정교하게 전개되었는가를 중심으로 평가가 이루어진다.

이러한 서·논술형 평가는 다음과 같은 요소들을 중심으로 구성된다.

- 명확한 문제 인식(What is the problem?)
- 분석과 논거 구성(Why is it important?)
- 근거를 통한 주장의 확장(How can it be explained?)
- 자기 성찰 또는 한계 인식(What else can be considered?)

이는 곧 평가가 단순한 결과 확인이 아니라, 학생이 학습을 통해 무엇을 '생각'하고 '이해'했는가를 드러내는 통로로 기능하게 한다.

IB 서·논술형 평가와 한국 입시의 괴리

그러나 한국의 현행 입시 체계, 특히 대학수학능력시험(수능)이나 학생부종합전형에서는 이러한 IB식 서·논술형 평가가 쉽게 뿌리내리기 어려운 구조적 장벽이 존재한다. 그 핵심은 평가 목적의 불일치다.

IB는 학습자의 사고력과 자기 표현의 질을 중심에 둔 평가인 반면, 수능은 객관성과 변별력을 최우선으로 한 표준화 시험이다. 수능에서의 서술형 문항 도입이 지지부진한 것도 '정답의 기준'을 둘러싼 공정성 논란 때문이다. 예를 들어, 2022학년도 수능 수학 미적분 영역 30번 문항은 다음과 같다.

> [2022학년도 수능 수학 미적분 30번]
>
> 함수 $f(x)$가 $f(x) = \dfrac{1}{1+e^{-x}}$ 일 때, 역함수 $f^{-1}(x)$를 포함한 적분을 계산하도록 하는 문제. 학생은 적절한 치환과 추론을 통해 주어진 정적분 값을 구해야 한다.

이 문항은 학생이 함수의 성질을 해석하고, 치환적분 및 역함수 개념을 종합적으로 적용해야 풀 수 있다. 그러나 풀이 과정은 사실상 하나의 방식으로 수렴되며, '정해진 답'을 벗어난 창의적 해석이나 대안적 논증은 평가되지 않는다. 결국 문제 해결 과정에서 드러나는 학생의 다양한 수학적 사고는 점수화되지 못하고, 오직 단일한 정답 도출 능력만이 평가된다. 이는 IB의 개방적 · 논증적 서 · 논술형 평가와 구조적으로 충돌할 수밖에 없는 지점이다.

학생부종합전형은 기록 기반의 정성 평가이지만, 그 기록은 여전히 '보여주기식 활동'과 '대입 맞춤형 스펙'으로 왜곡되는 경우가 많다. 서술형 활동의 진정성과 의미가 왜곡되는 조에서는 IB처럼 '서사 중심의 평가'가 뿌리내리기 어렵다.

실제 국내 고교 수행평가 문항 예시는 다음과 같다.

> [국내 고교 사회 수행평가 예시]
> "당신이 희망하는 직업과 관련된 사회 문제를 하나 제시하고,
> 교과서에서 배운 내용을 바탕으로 해결 방안을 제시하시오."

이 문항은 실제로 교과 성취보다는 '진로 연계성'에 과도하게 초점이 맞춰져 있으며, '배운 내용을 얼마나 비판적으로 재구성했는가'보다 '얼마나 잘 포장했는가'에 따른 결과로 이어질 수 있다.

IB는 정성평가를 제도화하고 교사의 전문성을 제도적으로 보완하는 시스템을 구축하고 있지만, 한국은 여전히 '교사의 평가

에 대한 신뢰 부족'과 '평가의 기준 불명확성'으로 인해 정성평가에 대한 회의가 깊다.

4. IB와 학생부종합전형, 평가 철학의 간극을 좁히다

접점은 존재하는가? IB 서·논술형 평가가 한국 교육에 주는 시사점

그럼에도 불구하고 IB의 서·논술형 평가 방식은 한국 고교 교육과 입시 체제에 다음과 같은 세 가지 시사점을 던진다.

평가는 결과가 아닌 성장의 언어가 되어야 한다. 단순한 답의 정확성보다, 사고의 흐름과 성찰의 깊이를 중심으로 하는 평가가 필요하다. 예를 들어, IB 역사(HL) Paper 2에서는 다음과 같은 문항이 제시된다.

> [IB 역사 Paper 2 실제 문항]
> "Ideological differences played only a minor role in the origin and development of the Cold War." How far do you agree with this statement?

이 문제는 특정 '정답'을 요구하지 않는다. 학생은 냉전의 원인을 '이념'과 '정치·경제적 요인'이라는 여러 관점에서 비교·분석하고, 스스로의 주장을 논증하는 글을 작성해야 한다. 같은 문제를 두고도 학생마다 전혀 다른 논리 전개가 가능하며, 이러한 다양성 자체가 평가의 대상이 된다.

교사 평가 역량을 제도적으로 지원하는 시스템 구축이 필요하다. IB처럼 루브릭 기반의 표준화된 정성 평가 체계, 공동 채점 시스템 등 신뢰 가능한 구조가 선행되어야 한다. 국내 사례로, 서울형 IB 학교에서는 교사 간 공동 루브릭 개발과 학기 말 다중 채점 회의가 정례화되어 있으며, 이는 평가 신뢰도 향상에 실질적인 기여를 하고 있다.

학생부는 직업지향적 포트폴리오가 아닌, 학업 중심 성장 서사로 전환되어야 한다. 이는 학교 교육의 중심이 '대학 입시'가 아닌 '학습과 성장'이라는 근본 철학을 회복하는 데 기여할 수 있다.

이처럼 IB의 서·논술형 평가 구조는 한국 교육이 지향해야 할 하나의 참조점이 될 수 있다. 이는 단지 'IB처럼 하자'는 모방이 아니라, 교육의 본질적 질문으로 돌아가게 만드는 구조적 거울이기 때문이다. 입시 체제의 실질적 전환이 어려운 상황이라면, 적어도 학교 수업과 평가에서는 사고와 표현, 성찰의 힘을 기를 수 있도록 '작은 IB'를 실현할 수 있어야 한다.

IB 서·논술형 평가를 바탕으로 한 과목별 문항 및 기록 예시

서·논술형 평가의 본질은 정답을 요구하는 것이 아니라, 학생의 사고 전개 과정과 표현 능력, 개념 이해를 종합적으로 드러내는 데 있다. IB의 문항은 단순 지식 확인이 아닌 질문→분석→비판→종합이라는 사고의 흐름을 요구하며, 평가 기준 또한 그 사고의 구조적 정합성과 명료성에 집중된다. 이러한 방식은 한국 교육과정에서도 충분히 시도할 수 있으며, 특히 과정 중심 평가 및 서사형 기록이 강조되는 2022 개정 교육과정과도 맞닿아 있다. 다음은 고등학교 국어, 수학, 사회 과목에서 IB식 평가 관점으로 재구성한 문항 예시와 그에 따른 학생부 기록 사례다.

국어-언어와 매체

IB식 문항 예시

다음의 논설문을 분석하여, 글쓴이의 주장과 설득 전략을 도식화하시오. 이후 같은 주제로 자신이 글을 쓴다면 어떤 주장을 어떤 구조로 펼칠지 서술하시오.

IB 평가 기준 포함 요소

- 주장의 논리적 조직 능력 (Organization)
- 어휘와 표현 전략의 적절성 (Language Use)
- 사고의 일관성과 명료성 (Thinking Skills)

학생부 세부능력 및 특기사항 예시

설득의 논리적 구조와 어휘 사용의 전략성을 분석하고, 동일한 주제에 대해 자기 입장을 조직적으로 구성하여 글을 작성함. 주장의 핵심을 명확히 제시하고 반론을 예상하여 대응하는 방식으로 사고를 전개하였으며, 자신의 의견을 설득력 있게 전개하는 표현력을 드러냄. 언어의 구조와 기능에 대한 이해를 바탕으로 글의 의도와 독자의 반응을 고려하는 글쓰기 역량이 뛰어남.

수학-수학 I

IB식 문항 예시

f(x)=x2−4x+3f(x)=x^2−4x+3f(x)=x2−4x+3의 극값을 구하는 방법 중 도함수 활용과 완전제곱식 변형 중 하나를 선택하시오. 해당 방법을 선택한 이유와 장단점을 서술하고, 수학적으로 타당함을 설명하시오.

IB 평가 기준 포함 요소

- 전략 선택의 타당성 설명 (Reasoning)
- 수학적 표현의 명료성 (Mathematical Communication)
- 풀이 과정의 논리 구조 (Structure and Justification)

학생부 세부능력 및 특기사항 예시

이차함수의 극값을 다양한 방법으로 도출하고, 실생활 문제에 적절한 풀이 전략을 선택하여 그 이유를 논리적으로 설명함. 함수 개념을 정교하게 이해하고 있으며, 수학적 사고 과정을 명확한 언어로 표현하는 능력이 뛰어남. 문제 해결 과정에서 수학적 개념 간 연결을 시도하고, 다양한 해결 방안을 탐색하며 그 과정의 정당성을 평가하는 태도를 보임.

사회-정치와 법

IB식 문항 예시

최근 스위스와 한국의 국민투표 사례를 비교하며, 직접 민주제가 국가 운영에 미치는 긍정적 효과와 한계를 균형 있게 서술하시오. 자신의 입장을 정리하고, 타인의 시각을 반영한 반론과 재반론을 포함하시오.

IB 평가 기준 포함 요소

- 다각도에서 사례를 분석하는 능력 (Perspective Taking)
- 개념 적용과 평가 능력 (Application and Evaluation)
- 자신의 견해를 정당화하는 논거 구성 (Argumentation)

학생부 세부능력 및 특기사항 예시

직접 민주제와 대의제의 차이를 실사례를 통해 비교하며 민주주의 발전에 미치는 영향을 평가함. 구체적인 국내외 사례를 바탕으로 사회 제도의 장단점을 분석하고, 다양한 시각을 고려하여 균형 있는 관점을 형성함. 사회 현상에 대한 비판적 이해와 이를 바탕으로 자신의 입장을 논리적으로 구성하는 능력이 우수하며, 공공의 문제에 대한 탐구 의지를 바탕으로 성찰적 시민 역량을 길러감.

이러한 서·논술형 문항은 학생의 사고력, 표현력, 개념 이해를 통합적으로 평가할 수 있는 구조를 제공한다. 나아가 학생부 기록과의 연계성 역시 강화된다. 단순히 활동을 나열하거나 수상실적 중심의 정량화된 표현에서 벗어나, 학습 과정 중심, 개념의 적용과 확장, 자기 성찰적 언어로 서술된 서사 중심의 기록이 가능해진다.

IB는 단순히 해외 교육모델이 아니라, 우리 교육이 향해야 할 평가와 기록의 철학을 비추는 하나의 거울이다. 적어도 수업과 평가, 기록의 경계 안에서 '작은 IB'의 가능성은 충분히 실현 가능하며, 학생의 배움을 중심에 둔 정성 평가의 문화를 복원하는 데 실질적인 기여를 할 수 있다.

CHAPTER

07 활동과 서사를 잇는 기록만들기

배움은 점수가 아니라, 이야기다.
학생의 서사를 어떻게 기록할 것인가.

1. 기록이 되는 평가, 서사를 여는 평가

국제 바칼로레아 IB 학교를 생각하면 가장 먼저 떠올리는 것은 '학생 중심 토론 수업', 논술, 서술형 평가일 듯 싶다. 사실 이러한 IB 교육이 대한민국의 공교육 체계에 들어올 수 있었던 가장 큰 이유가 그동안 학생 중심 수업, 과정 중심 수업에 대한 욕구 때문이 아니었을까 생각한다. IB 학교는 25년 현재 디플로마 프로그램(DP)을 운영 중인 학교가 전국에 20개교로 늘어났고 중등과정인 MYP는 25개교 초등과정인 PYP는 36개교가 운영 중에 있다. 실질적으로 DP 과정을 운영중인 IB 학교에서의 평가는 어떠한 방식으로 진행되고 있는지 알아보고자 하는 가장 큰 이유는 여러 매체들을 통해 IB 학교에 진학하면 흔히 ['In 서울'이라고 하는 명문대로의 진학이 용이하다.]라는 국제 교육에 대한 붐 때문에 시작되었다. 일반고와 IB 학교는 평가의 방식이 다른가? 나아가서는 학교의 활동의 차이점까지 다룰 수 있다면 더욱 그 차이점을 확연하게 비교할 수 있겠으나 이 장에서는 실제 내부의 활동보다는 공개 자료인 IB 학교의 교수학습 계획안과 평가 계획, 평가 요소를 바탕으로 현행 일반고와 다른 점이 어떤 부분인지 조명해 보고자 한다. 이러한 부분에 대해 알기 위해선 IB 학교와 일반고에서 어떤 과목을 수강하게 되는지부터 확인해 볼 필요가 있는데 한국의 기본 고등학교 과정은 3년제로 운영되지만 IB DP 과정은 2년제이다. 때문에 실제 IB 교과에 대한 이수는 고등 2학년 때부터 진행되게 되며 고등 1학년에 이수하는 교과의 경우 기존 일반 고등학교에서 이수하는 교과와 동일하다. 다만 일부학교에서 PreDP 과정이라고 하여 IB DP의 기초 학습을 제공하기도 하는데 IB 과정을 선택할 수 있는 고등학교에 한해서 IB 과정에 대한 사전 체험과 학생의 진로, 적성, 실력에 맞는 IB 과목을 선택할 수 있도록 지원하며, IB에서 필수적인 사고력과 지식을 습득할 수 있도록 한다. 이러한 이유 때문에 교과에 대한 비교는 2학년의 개설 과목을 비교하는 것이 적절하다고 할 수 있다. 마침 25학년도 1학기의 교수학습 계획안이 공개되었으므로 이를 토대로 IB 전면 운영학교와 IB 병행 운영학교의 개설 교과목을 비교해 보도록 하자.

IB 학교 개설 과목

25학년도 1학기 2학년 개설 과목	
IB 운영학교	IB 병행 운영학교
IB 물리 HL Ⅰ(진로선택)	IB 생명과학 HL Ⅰ(진로선택)
IB 비주얼아트 SL Ⅰ(진로선택)	IB 영어 연극이론과 창작 SL Ⅰ (진로선택)

25학년도 1학기 2학년 개설 과목	
IB 운영학교	IB 병행 운영학교
IB 생명과학 HL Ⅰ(진로선택)	IB 화학 SL Ⅰ(진로선택)
IB 수학 분석과 접근 HL Ⅰ(진로선택)	IB 경제 HL Ⅰ(진로선택)
IB 영어 HL 1(진로선택)	IB 물리 HL Ⅰ(진로선택)
IB 영어 SL 1(진로선택)	IB 물리 SL Ⅰ(진로선택)
IB 영어 연극이론과 창작 SL Ⅰ(진로선택)	IB 생명과학 SL Ⅰ(진로선택)
IB 화학 HL Ⅰ(진로선택)	IB 수학 분석과 접근 HL Ⅰ(진로선택)
IB 화학 SL Ⅰ(진로선택)	IB 수학 분석과 접근 SL Ⅰ(진로선택)
IB 세계사 HL 1(진로선택)	IB 언어와 문학 HL 1(진로선택)
IB 세계사 SL 1(진로선택)	IB 역사 HL 1(진로선택)
IB 융합탐구와 실천연구(진로선택)	IB 역사 SL 1(진로선택)
IB 지식이론 Ⅰ(진로선택-교양)	IB 영어 HL 1(진로선택)
IB 언어와 문학 HL 1(진로선택)	IB 영어 SL 1(진로선택)
언어와 문학 SL 1(진로선택)	IB 지식이론 Ⅰ(진로선택-교양)
운동과 건강(진로선택)	IB 화학 HL Ⅰ(진로선택)
컴퓨터과학 SL Ⅰ(진로선택)	-이하 일반 교과-
	경제
	고전읽기
	공학일반
	문학
	물리학Ⅰ
	미술창작
	생명과학Ⅰ
	세계지리
	수학Ⅰ
	수학Ⅱ

25학년도 1학기 2학년 개설 과목	
IB 운영학교	IB 병행 운영학교
	영어 I
	영어권 문화
	운동과 건강
	윤리와 사상
	정치와 법
	중국어 I
	지구과학 I
	창의경영
	프로그래밍
	화학 I
	일본어 I
	-이하 소인수 과목 생략-

25학년도 1학기 3학년 개설 과목	
IB 운영학교	IB 병행 운영학교
IB 물리 SL Ⅲ	IB 역사 HL Ⅲ
IB 비주얼아트 SL Ⅱ	IB 역사 SL Ⅲ
IB 생명과학 HL Ⅲ	IB 물리 HL Ⅲ
IB 생명과학 SL Ⅲ	IB 물리 SL Ⅲ
IB 세계사 HL 3	IB 생명과학 HL Ⅲ
IB 세계사 SL 3	IB 수학 분석과 접근 HL 3
IB 수학 분석과 접근 HL Ⅲ	IB 수학 분석과 접근 SL 3
IB 수학 분석과 접근 SL Ⅲ	IB 언어와 문학 HL 3
IB 영어 HL 3	IB 영어 SL 3
IB 영어 SL 3	지식이론 Ⅲ

25학년도 1학기 3학년 개설 과목	
IB 운영학교	IB 병행 운영학교
IB 영어 연극이론과 창작 SL II	IB 화학 HL III
IB 화학 HL III	IB 화학 SL III
IB 화학 SL III	-이하 일반 교과-
IB 지식이론 III	고급 물리학
과학과제 연구	기하
기하	논술
사회과제연구	물리학II
심화 영어 작문 I	사회문화
언어와 문학 HL 3	생명과학II
언어와 문학 SL 3	생활과 윤리
운동과 건강	세계 문제와 미래 사회
컴퓨터과학 SL II	수학과제탐구
	스포츠 생활
	심화 수학 I
	심화 영어 독해 I
	언어와 매체
	여행지리
	융합과학 탐구
	음악
	지구과학II
	창의 융합 과제 연구
	화학II
	세계사
	-이하 소인수 과목 생략-

굳이 IB 전면 시행학교와 병행 시행학교를 비교한 것은 병행 시행학교의 개설 교과목을 통해 흔히 일반고 학생들이 선택하여 이수할 수 있는 과목까지 동시에 비교해 볼 수 있기 때문이다.

IB의 평가 방식 중 특이한 점은 내부 평가와 외부 평가에 있다. IB 과정의 점수 배점은 100% 내부 평가(Internal Assessment: 이하 IA)와 외부 평가(External Assessment: 이하 EA)로 구성된다. 모든 과목에는 IA와 Paper가 있다. 이때 외부 평가에서 교과에서 치르는 최종 시험을 Paper로 이해하면 되며 Paper(최종 시험)의 점수 배점 비율이 더 크다. 이때 IA는 과목에 따라 다르게 구성되는데, 에세이 형식/포트폴리오 형식/연구 조사 형식 등이 IA에서 출제되며, 많은 과목에서 짧은 논문을 요구하며 언어 영역은 말하기(Speaking component)도 언제나 들어가 있다. 이때 IA의 경우 11학년부터 12학년까지(한국의 경우 고등학교 2~3학년) 2년 동안 대체로 진행을 하고 있다. IB 졸업생들의 후기에 따르면 IA를 대비하는 가장 좋은 전략은 IA의 경우는 미리미리 준비를 해두고, 시간도 넉넉한 과제인 만큼 외부 도움도 받을 수 있으니 쓸 수 있는 모든 방식을 다 써서 높은 점수를 받는 것이다.

EA에 해당하는 Paper는 과목에 따라 2번 3번에 걸쳐 진행되며, 외부 평가라는 이름에 맞게 외부에서 채점을 진행한다. 스위스의 IB 총본부로 보내진 후 채점관에게 분배돼 채점이 진행되며 4월~5월 또는 10월~11월(한국은 10월~11월) 동안 치뤄지는 "IB Papers" 즉 공식 시험들이 외부 평가이며, 과목에 따라 2~3개의 시험을 봐야 한다. 이 시험들의 내용은 과목에 따라 다른 데, IB의 공식 리스트를 정리하면 다음과 같다. 에세이(서술형), 암기형 질문, 주관식 단문형 질문, 숫자/정보에 대한 질문, 객관식으로 요약할 수 있다.

IA와 Paper의 합산 점수는 100점이며 각 배점에 따라 본인의 점수가 IA와 Paper를 합쳐 최종 80이 되었다면 이 80점을 상대평가로 계산하여 각 과목별 7점 만점 중 점수를 부여받게 된다. 이렇게 총 6개 과목에서 각각 7점 만점으로 총합 42점 TOK와 Extended Essay, CAS에서 나머지 3점이 더해져 45점 만점의 IB Grading Scale이 완성된다.

실제로 국내 IB 학교에서 제시하고 있는 평가 과정을 통해 이미 앞서 설명한 내부 평가와 외부 평가의 과정을 살펴보자.

[평가표 예시] Group 5: 수학 : 분석과 접근(IB 수학)

IB 평가

평가유형	평가요소	반영비율	
		SL	HL
내부평가	학생들이 스스로 주제를 선정하고 모델링, 조사, 테크놀로지를 활용하여 탐구 과정 결과를 12~20페이지	20%	20%
외부평가	• 시험 1(Pager 1)(SL: 90분, HL: 120분) 그래픽 계산기(GDC)를 사용하지 않음 답안은 반드시 설명이나 풀이과정이 있어야 함	40%	30%
	• 시험 2(Pager 2)(SL: 90분, HL: 120분) 그래픽 계산기(GDC)를 사용할 수 있음 일관성 있는 추론을 요구하는 평가	40%	30%
	• 시험 3(Pager 3)(HL: 60분) 확장 서 · 논술형 문항 2개로 구성된 평가 각 문항마다 여러 개의 질문으로 구성 각 문항은 일반화 과정을 포함하여 문제 해결에 중점을 둠	-	20%

[평가표 예시] Group 3: 개인과 사회(IB 세계사)

IB 평가

평가 유형	평가요소	반영비율 (%)
내부 평가 (IA)	• 역사 연구에세이(25점/2200단어): 자신이 원하는 역사 연구 질문을 선정해 역사에세이를 작성함 ex) 마셜 플랜은 어느 정도까지 유럽 경제 부흥의 목적으로 시행되었는가? - 섹션1: 사료의 식별과 평가(6점/500단어) 자신이 선정한 연구 질문에 관한 2가지 사료를 선정하고 가치와 한계를 평가함. - 섹션2: 탐구(15점/1,300단어) 연구 질문에 대한 비판적 분석 및 탐구 활동을 진행함. 다양한 증거를 사용하여 자신의 결론을 도출하고 뒷받침함. - 섹션3: 성찰(4점/400단어) 연구를 진행하면서 어떤 점에서 역사가가 사용한 방법 및 직면한 어려움을 이해하게 되었는지 성찰해 봄.	20%(HL) 25%(SL)
외부 평가 (EA)	• Page 1 지정 주제: 3. 세계 대전 발발의 움직임(24점/1시간) - 사료에 대한 이해력, 분석력, 비교 및 대조, 평가에 관한 질문으로 구성되어 있음. ex) 사료 A가 갖는 가치와 한계를 사료의 기원, 목적 및 내용과 관련지어 분석하시오. 사료와 본인의 지식을 토대로 '미국과 일본 사이의 긴장감 고조의 원인은 상호 간의 두려움이다.'라는 주장에 어느 정도 동의합니까?	20%(HL) 30%(SL)
	• Page 2 세계사 주제: 권위주의 국가, 20세기 전쟁의 원인과 결과(30점/1시간 30분) - 주제별 2가지 질문 제시되고 학생은 주제별 하나의 질문을 선택해서 총 2가지 질문에 대해 에세이를 작성해야 함.	25%(HL) 45%(SL)

평가 유형	평가요소	반영비율 (%)
	ex) "전쟁은 여성의 역할과 지위에 대부분 긍정적인 영향을 미쳤다." 두 개의 전쟁을 제시하여 이 내용을 논하시오.	
	• Page 3 HL 옵션: 아시아와 오세아니아(45점/2시간 30분) - 섹션별 2개의 질문이 제시되며, 학생은 섹션 구분 없이 총 3가지 질문에 대해 에세이를 작성해야 함. ex) 5 · 4 운동이 중국에 미친 영향을 평가하시오.	35%(HL)

실제 교과의 평가 내용만으로는 아마 '지금 아이들 수행평가와 유사한데?'라고 생각하는 이들도 분명 있을 것이라 생각한다. 그러나 '저 평가 요소를 철저하게 지키려고 하는가?'라는 질문을 하고 싶다. 실제로 교수학습 평가 계획안과 전혀 다른 내용의 수행평가가 진행되는 사례들을 여럿 경험했고 학생들 역시 자신의 학교에서 진행하는 수행평가와 교수학습 계획안을 비교해 보며 "아마 이 수행평가가 계획안에 나와있는 이 수행평가가 아닐까요?"라며 갸웃하는 학생들을 많이 만났다. 이 지점에서 차이점이 발생하는 듯하다. 학교 현장에서 100~150명의 학생들을 평가해야 하고 이 평가의 과정에서 제시된 평가 기준을 완벽히 지키며 평가한다는 것은 수행평가의 내용에 따라 쉽지 않은 일일 것이다. 다만 앞서 제시한 평가표와 같이 그 과정에서 학생들에게 무엇을 해야 하는지에 대한 명확한 가이드와 이를 통해 무엇을 평가하고자 하는지에 대한 기준이 제시되고 학생들 역시 이러한 평가가 자신의 어떠한 역량을 평가하는 것인지에 납득

이 동시에 진행되어야 보다 명확하게 학생들의 성장 과정을 담을 수 있을 것이라고 본다.

[평가표 예시] Core Theory of Knowledge(지식이론)

IB 평가

평가 유형	평가요소	반영 비율(%)
내부 평가 (IA)	• **지식 이론 전시회(10점)**: 이미 제공된 35개의 '내부평가 프롬프트' 중 하나에 연결되는 세 가지 대상에 대한 전시회를 만든다. 다음을 포함하는 하나의 파일 준비 - 선택한 내부 평가 프롬프트를 분명히 보여주는 제목 - 세 가지 대상의 이미지 - 각 대상에 대한 컴퓨터로 작성된 해설(**950단어**) - 적합한 인용 및 참조	1/3 (33)
	전시회 개최: 학습/학년/학부모/전교생 등	
	• **지식 이론 에세이(10점)**: IB가 시험 6개월 전에 발표한 6가지 제목 중 하나를 골라 **1,600단어** 이내의 에세이를 작성한다. 지식이론 에세이는 반드시 학생 본인이 작성하여야 한다. 하지만, 교사는 과제의 요구 사항을 설명하고 학생들이 평가 도구에 익숙해지도록 하며 학생들의 진도를 모니터링한다. - 공식적인 세 번의 면담이 TK/PPF(TOK essay Planning and Progress Form: 계획과 진행상황 서식)에 기록되어야 한다.	2/3 (67)
	지식이론 에세이와 양식 업로드	

[평가표 예시] Core : Extended Essay(소논문)

평가목표

영역	달성 목표
지식과 이해	• 선택한 주제와 제시된 연구 질문에 대한 지식과 이해를 입증한다. • 주제별 용어 및 개념에 대한 지식과 이해를 입증한다. • 정보 수집에 사용되는 적절한 연구 출처 및 방법에 대한 지식과 이해를 입증한다.
적용 및 분석	• 연구 질문에 관련되고 적절한 연구를 선택하고 적용한다. • 연구를 효과적으로 분석하고 연구 질문에 집중한다.
종합 및 평가	• 연구 질문과 관련하여 명확하고 일관성 있는 논거를 통해 연구를 논의할 수 있다. • 에세이에 제시된 주장을 비판적으로 평가할 수 있다. • 연구 과정을 설찰하고 평가할 수 있다.
다양한 (연구) 기능	• 적절한 학술적 형식으로 정보를 제시할 수 있다. • 학문적 정직성을 이해하고 입증한다.

평가기준

기준A: 초점 및 방법(6점)	기준B: 지식과 이해(6점)	기준C: 비판적 사고력(12점)	기준D: 형식(4점)	기준E: 참여(6점)
• 주제 • 연구 질문 • 방법론	• 문맥 • 과목과 관련된 용어 및 개념	• 연구 • 분석 • 논지의 전개 및 평가	• 구조 • 레이아웃	• 과정 • 연구 초점

추가적으로 IB의 코어 과목이라 불리는 TOK(Theory of Knowledge)와 EE(Extended Essay)에 대한 평가 기준이다. 이 두 가지의 평가 모두 우리가 흔히 말하는 논술형 평가에 해당하지만 일회성 평가라는 지점에 있어 현행의 한국 교과과정의 논술형 평가와 가장 유사한 형태가 되지 않을까 생각된다. 물론 작성에

대해 사전에 주제를 안내하고 학생이 이에 대해 고민할 시간을 충분히 제공하고 있다는 차이점이 존재한다.

IB 교육과정, 국내 대학에서도 점점 넓어지는 문

국제 바칼로레아(IB)는 한때 '해외 유학생이나 국제학교 학생들이 선택하는 교육과정'으로 여겨졌지만, 이제는 국내 고등학교 체계 안에서도 점차 뿌리내리고 있다. 특히 IB 디플로마(DP) 과정을 이수한 학생들을 대상으로 한 국내 대학들의 입학 인정 범위가 넓어지고 있다는 점은 주목할 만하다.

실제 대한민국에서 IB 교육과정을 인정하는 대학의 리스트는 다음과 같다.

	DP	DP Courses	CP
가톨릭대학교 송의의과대학	○		
중앙대학교	○	○	○
대구경북과학기술원(DGIST)	○		
이화여자대학교	○		
조지 메이슨 대학교-메이슨 코리아	○		
한동대학교	○	○	
한국외국어대학교(HUFS)	○		
한양대학교-서울	○		
한국과학기술원(KAIST)	○	○	○
고려대학교	○	○	
경희대학교	○		
포항공과대학교(POSTECH)	○		

	DP	DP Courses	CP
세종대학교	○		
서울대학교	○	○	
서강대학교	○	○	
숭실대학교	○		
성균관대학교	○	○	○
The State University of New York, Korea (SUNY-Korea)	○		
울산과학기술원(UNIST)	○		
University of Utah-Asia	○		
연세대학교	○	○	

(※ 대부분은 국제전형 혹은 재외국민 전형에서 IB 성적을 활용할 수 있으며, 전공별로 조건이 다르므로 대학별 입시 요강 확인이 필수입니다.)

2025년 기준으로 서울대학교, 고려대학교, 연세대학교, KAIST, 포스텍, 성균관대학교, 한양대학교, 이화여자대학교, 중앙대학교 등 국내 유수의 대학들이 DP(디플로마 전 과정) 또는 DP Courses(과목 이수 단위)를 일정 조건하에 입학 사정 자료로 인정하고 있다.

예를 들어 서울대학교는 국제전형에서 DP 전 과정을 인정하고, 포항공과대학교(POSTECH)나 한국과학기술원(KAIST)도 IB DP 이수 학생들의 학업 성취와 논리적 사고 능력을 종합적으로 평가하는 기준으로 활용하고 있다. 국제전형 혹은 재외국민 전형에 한정할 뿐이나 이러한 교육과정이 현재 국내에서 지속적으로 정착을 위한 시도를 하고 있다는 점, IB 교육과정이 강조하는 '과정 중심 평가', '논리적 글쓰기', '학업 탐구 포트폴리오'는 국내 입시 구조, 특히 학생부 종합 전형과의 접점이 매우 높다는 점에 있어 향후의 선발 과정에 있어 이러한 지점들이 중요하게 작용할 수 있다는 예측을 조심스럽게 해본다.

이러한 맥락에서 IB 교육과정은 단순히 해외 진학을 위한 도구가 아니라, 국내 학생부 중심 입시를 보다 깊이 있게 준비할 수 있는 하나의 참조점으로 기능할 수 있다고 보인다. 특히 학생부 종합전형에서는 학생의 성적뿐 아니라, 탐구의 맥락, 활동의 의미, 성찰의 깊이를 중요하게 평가하고자 하는 흐름을 이미 보여주고 있기 때문에 IB에서 요구하는 사고력 기반 평가 방식은 시사하는 바가 크다 할 수 있다.

이제 중요한 것은 학생이 어떻게 자기 주도적인 학습 여정을 만들어가는가, 교사는 그 과정을 어떻게 구조화하여 기록하고 안내할 것인가이다. IB가 던지는 질문은 결국 동일하다. *"무엇을 배웠는가?"*보다 _"왜 그렇게 생각하고, 어떻게 설명하는가?"_를 묻는 평가 방식은 이제 한국 교육의 미래를 고민하는 모든 학교가 함께 검토해야 할 과제가 되었다.

2. 활동 기록과 피드백 중심 학습자 성장 서사 만들기

생활기록부, 점수 아닌 이야기로 남기기

학생부종합전형은 한국 고등교육 입시 체제의 핵심 축 중 하나로, 교과 성적을 포함하되 그것만으로 판단하지 않고 학생의 학업 역량, 활동 참여도, 전공 적합성, 인성 등을 종합적으로 평가하는 전형이다. 그러나 많은 학생과 학부모는 여전히 학생부종합전형을 '생활기록부 관리'의 차원에서만 접근하는 경향이 강하다. 특히 정성적 평가라는 특성 탓에 '보여주기식 활동'과 '포장된 기록'이 넘치는 현실은, 학생부종합전형의 본래 취지를 흐리고 있는 대표적인 문제로 지적된다.

이러한 문제의식 속에서 IB 교육과정은 흥미로운 대조 지점을 제공한다. 국제 바칼로레아(IB)는 교육과정 자체가 학습자의 사고와 자기주도성, 성찰 능력을 중심으로 설계되어 있으며, 그 평가 또한 과정을 중시한다. 단지 '무엇을 했는가'보다 '어떻게 사고하고 성장했는가'를 중심에 두는 IB의 방식은, 학생부종합전형이 지향해 온 방향성과도 맞닿아 있다. 하지만 두 체계는 평가의 목적과 실천 방식, 기록 관점에서 여전히 본질적인 차이를 드러낸다.

항목	IB	학생부종합전형
평가 목적	사고력, 비판적 사고, 성찰 강조	학업역량, 인성, 전공적합성 등 종합 평가
평가 방식	서·논술형 평가, 포트폴리오, 루브릭 기반	정성 평가 중심, 다양한 활동 기록
기록 중심	학습 포트폴리오, 프로젝트 기반 기록	생활기록부 기반
학생 역할	탐구 계획 수립 및 자기 성찰 주도	활동 참여 및 기록 자료 제공
교사 역할	피드백 제공자 및 멘토 역할 수행	생활기록부 작성자 및 평가자 역할
표현 방식	논리적 글쓰기, 심화 분석 중심	서술형 문장 중심, 교과 연계 강조

이 표는 IB와 학생부종합전형이 모두 정성평가를 중심에 두고 있다는 점에서 닮았지만, 그 평가 구조와 기록 방식, 교사와 학생의 역할에 있어 본질적인 차이를 보여준다. 특히 IB에서는 학생이 탐구를 기획하고 포트폴리오에 자율적으로 서사를 구성하는 주체가 되는 반면, 학생부종합전형에서는 교사의 관찰과 기록이 중심이 되며, 표현 방식 역시 학생 주도의 '논증과 글쓰기'보다는 교사 주도의 '관찰과 서술'에 머무르는 경향이 있다.

즉 학생부종합전형이 진정으로 학생 중심 평가로 작동하기 위해서는 평가 주체로서의 학생의 역할을 보다 확장시키고, 교사의 기록 역시 활동의 결과보다는 사고의 흐름과 성장의 과정에 초점을 두는 방식으로 전환되어야 한다. 이는 단순히 IB를 모방하는 것이 아니라, IB가 제안하는 평가의 구조적 철학을 통해 우리 교육이 본래 지향했던 성장 중심 평가의 취지를 되살리는 시도라고 할 수 있다.

배움은 결과가 아니라, 관계와 과정으로 남는다.

학생부종합전형에서 핵심이 되는 '서사적 기록'은 단순히 어떤 활동을 했는지를 나열하는 것이 아니라, 학생이 어떤 고민과 실행을 했으며, 이를 통해 어떻게 성장했는지를 드러내는 '배움의 흐름'을 담는 것이다. 그러나 현실에서 많은 학생부 기록은 여전히 '활동의 나열' 또는 '성과 중심'에 머무른다. 반면 IB 교육에서는 학습자 스스로가 자신의 탐구 흐름을 주도적으로 구성하고, 교사는 그 과정을 피드백과 루브릭으로 지원하는 구조를 가지고 있다.

이러한 차이는 기록 방식, 언어, 피드백의 방식에서 뚜렷하게 드러난다.

항목	학생부 기록 방식	IB 포트폴리오 및 IA 기록 방식
기록 주체	교사 중심(관찰, 평가에 기반)	학생 중심(탐구·성찰·글쓰기 주도)
기록 방식	교과·비교과 항목별 서술 중심	주제 선택 → 계획 수립 → 실행 → 성찰의 흐름 중심 구성
기록 언어	정량적 행동 묘사+일부 교사 서술	학생의 1인칭 성찰+교사 피드백 포함
피드백 구조	생활기록부에는 직접적 피드백 기록 불가	루브릭 기반 피드백 포함, 성찰 저널 지속 관리
평가 구조와 연결	학업 역량, 전공 적합성 등 입시 평가를 위한 항목별 분절 기록	학습 과정 전체를 기반으로 한 평가 연계(IA, EE, TOK 등과 연결)

이 표는 단순히 '기록의 양식'이 다른 것이 아니라, 배움을 해석하는 철학 자체의 차이를 보여준다. IB는 학생이 탐구 과정을 주도하면서 자신의 성찰을 구조화하는 능력을 기르고, 교사는 이를 인정하며 피드백을 제공하는 동반자의 역할을 한다. 반면 학생부종합전형에서의 기록은 교사의 시선을 통해 관찰된 결과를 전달하는 구조가 강하다.

하지만 우리가 추구해야 할 방향은 단지 IB처럼 '학생이 다 쓰게 하자'가 아니다. 중요한 것은 기록이 활동의 성과가 아니라 성장의 서사로 구성되어야 한다는 점이다. 이를 위해 학교 현장에서는 다음과 같은 질문을 중심으로 활동과 기록을 설계할 필요가 있다.

- 이 활동은 학생의 어떤 관심과 질문에서 시작되었는가?
- 학생은 어떤 선택을 통해 자신의 탐구를 구성했는가?
- 도중에 어떤 갈등이나 실패를 겪었고, 그에 대해 어떤 성찰을 했는가?
- 이후의 선택이나 태도에 어떤 영향을 미쳤는가?

이처럼 '사건의 나열'이 아닌 '의미의 구성'이 중심이 되는 기록은 단순히 입시를 위한 수단을 넘어, 학습자에게 자기 삶을 해석할 언어를 제공하는 교육적 도구가 될 수 있다.

3. 서술형, 포트폴리오, 교과 선택 중심 설계

선택은 결과가 아니라 태도다. 기록은 성과가 아니라 관점의 확장이다.

고등학교에서 교과 선택, 수행평가, 포트폴리오 등은 단지 과목을 채우고 점수를 얻기 위한 수단이 되어서는 안 된다. 특히 2025년부터 고등학교 교육과정이 개편되면서 학생 선택형 교육과정, 과정 중심 평가, 서술형 문항 확대가 현실로 다가오고 있다. 이 변화는 단순히 형식의 전환이 아니라, 평가와 기록의 철학을 재구성하는 일이다.

IB 교육에서는 이러한 전환을 이미 구조적으로 실현하고 있다. IB의 과목 선택 구조, 서술형 중심의 평가 문항, 내부 평가(IA)와 포트폴리오 중심의 성장 추적은 학습자 중심의 교육 구조가 어떤 방식으로 작동해야 하는지를 구체적으로 보여준다.

이와 같은 IB 방식은 한국 고교 선택과정 운영의 철학과도 만날 수 있다. 특히 학생이 주도적으로 과목을 설계하고, 수행평가와 포트폴리오를 '점수'가 아닌 '성장'의 관점에서 바라볼 수 있도록 지도해야 한다.

항목	한국 고등학교(2025 개정 교육과정 기준)	IB 교육과정(디플로마 프로그램, DP 기준)
교과 선택 구조	진로 선택 과목 도입, 학생 선택권 확대(고교학점제 기반)	6개 과목군에서 1과목씩 필수 선택+필수 핵심과정 3개 연계
평가 중심 문항 유형	지필평가+수행평가 혼합, 서술형/논술형 확대	모든 평가에서 서술형·논술형 중심, 채점 루브릭 명확함
포트폴리오 구성	일부 과목에서 수행평가 결과물 정리, 기록은 생활기록부 중심	내부 평가(IA), TOK 에세이, EE 논문 등을 포트폴리오로 체계적 축적
기록 활용 방식	교사 서술(학생 관찰 기반), 일부 주제 탐구 반영	학생 자기주도 성찰 기록+교사 피드백이 함께 저장·활용
진로/학업 설계 연계	진로 과목 중심 선택, 활동-기록-입시 간 정렬 시도	전 과목이 학업 성취+진로 관심 중심으로 구조화됨

이 비교표는 현재 한국 교육이 마주한 선택형 교육과정의 과제가 단순한 과목 개설 확대가 아니라, 학생의 자기주도 설계 역량과 평가 구조의 정합성 확보라는 점을 보여준다.

따라서 교사와 학교는 다음과 같은 방식으로 설계를 구체화할 필요가 있다.

1) 서술형 문항은 개념을 '이해한 방식'을 묻는 문항이어야 한다
단순한 정의, 설명이 아니라 '왜 그렇게 생각하는가', '어떤 방식이 더 적절한가'를 묻는 문항이 되어야 하며, 이를 위한 피드백 루브릭이 병행되어야 한다.
2) 포트폴리오는 과제가 아니라 학습의 과정 기록이 되어야 한다.
탐구의 주제 선정, 계획, 실행, 성찰이라는 구조를 학생이 글로, 그림으로, 구술로 담아낼 수 있는 방식을 다양화하고, 이를 수행평가-기록-피드백과 연계해야 한다.
3) 교과 선택은 '성적에 유리한 과목'이 아닌 '학업 관심과 연결된 과목'이어야 한다.
이때 학생의 관심 기반 설계를 지원할 수 있도록 '관심 기반 과목 매칭 가이드'와 '선택과목별 포트폴리오 연계 예시'를 제공할 필요가 있다.

성장을 설계하는 구조 만들기

교과 선택－서술형 평가－포트폴리오 이 세 가지는 따로 떨어진 과제가 아니라, 한 명의 학생이 '자기 삶의 서사를 설계하는 실천 구조'로 유기적으로 연결되어야 한다. IB 교육이 보여주는 것은 '입시 성공을 위한 정답 전략'이 아니라, 학생이 스스로 질문하고, 탐구하고, 정리하는 과정이 교육 그 자체가 될 수 있다는 모델이다.

우리 교육이 나아가야 할 방향도 바로 여기에 있다. '이 과목을 택하면 1등급이 나올까?'라는 질문보다, '이 과목은 나의 어떤 질문과 연결되는가?', '나는 이 개념을 어떻게 이해했고, 그걸 어떻게 써볼 수 있을까?'를 중심에 두는 학습 설계. 이것이 바로 진

짜 학생 중심 수업의 시작점이다.

지금까지 우리는 한국 교육 현장에서 IB 교육 철학을 바탕으로 평가, 기록, 수업, 교과 설계를 어떻게 실천할 수 있을지를 모색해 왔다. 그러나 여기서 질문은 끝나지 않는다.

과연 이 변화들은 교실 안에서만 가능한가?

교육은 교사 한 사람의 수업, 학생 한 명의 노력만으로 완성되지 않는다. 평가의 방향이 바뀌면 대학 입시가 영향을 받고, 수업의 구조가 바뀌면 학부모와 사교육의 반응도 달라진다. IB 교육이 우리에게 남긴 가장 중요한 질문은, '교육을 교실 안에서만 말할 수 있는가?'라는 점이다.

어느 순간부터 학생들의 교육은 점점 폐쇄적으로 되어가고 있는 듯하다. 외부의 지원이 학생들의 형평성에 어긋난다는 이유 때문이다. 학생들의 활동은 교내에서 시작되고 교내에서 끝나도록 운영되고 있고 실제로 수행평가 역시 당일 수업 시간 안에 하도록 안내하고 있다.

학생들을 만나며 매번 참 안타깝다고 생각하는 단 하나의 지점은 자신의 미래가 결국 돈으로 귀결된다는 점이다. 물론 직업적인 목표를 묻는다면 높은 연봉이라는 목표는 결코 나쁘지 않은 목표이나 무엇을 통해 높은 연봉을 만들어 낼 것인가에 대한 고민이 빠져있다. 편안한 삶, 평범한 샐러리맨, 안정적인 직장 그리고 높은 연봉 이러한 흐름은 교실 안에서 끊어낼 수 없다. '아이 하나를 키우려면 온 마을이 필요하다.' 했던가? 정말 우리의 다음 세대들을 위해 그리고 지금 학교 현장에서 자신들만의 목표를 위해 눈코 뜰 새 없이 학업에 매진하고 있는 우리의 학생들을 위해 온 나라가 황금만능주의와 엘리트주의를 과감하게 버리고 '돈 많이 버는 거 말고 정말 그걸 해서 뭘 하고 싶은지', '왜 그걸 하고 싶다고 생각하게 되었는지', '그 목표가 어떤 가치가 있는지'를 끊임없이 물어줄 필요가 있다.

때문에 평가 방식 하나, 교과 선택 하나를 넘어 학생들이 경험하는 학교 생활의 모든 요소에 학교 안팎의 수많은 주체들과 연결되어 있다는 사실을 인정해야 한다. 교실은 교육의 출발점이지만, 종착지는 아니다. 지금 우리는 교육 생태계 전체의 전환을 묻는 시점에 도달해 있다.

04

PART 04

교육의 방향을 묻다: 전환을 위한 조건들

CHAPTER 08 교육의 방향을 묻다: 생태계 안의 동반자들

"교실만으로 교육을 말할 수 없다.
배움은 생태계 전체의 책임이다."

IB 교육의 일부 요소들이 한국 학교에 도입되고 있지만, 여전히 'IB식 모델을 그대로 따라가는 것이 가능한가?'는 의문이 존재한다. 교사의 업무 부담, 평가의 공정성 우려, 학부모의 불신, 입시 체계의 모순 등은 IB 철학의 적용을 가로막는 현실적인 장벽이다.

하지만 이러한 우려는 단순히 'IB는 우리 현실과 맞지 않는다'는 결론으로 흘러가선 안 된다. 오히려 우리는 IB를 이상적인 모델로 모방하는 것이 아니라, 지금 우리에게 필요한 교육의 방향을 가늠하는 참조점으로 삼아야 한다.

현장에 맞는 방식으로 IB의 핵심 철학, 즉 *학생 주도성, 성찰 중심 평가, 성장의 서사화*를 교실 밖으로 확장하고, 학교를 넘어 생태계 전체로 확장하는 실천 전략을 고민해야 할 시점이다.

교육의 변화는 교실 안에서만 일어나지 않는다. 아이들의 배움은 교실 바깥, 학교 담장 너머에서부터 영향을 받는다. 변화하는 입시 제도, 다변화된 진로 경로, 교육에 대한 사회적 기대, 그리고 학부모와 사교육 시장의 역할까지. 교육은 하나의 교실이 아니라, 수많은 주체들이 얽히고설킨 생태계 전체 속에서 이루어진다.

변화가 시작될 때, 모든 당사자는 새롭게 묻고 답해야 한다. 학생은 어떤 배움을 경험해야 하는가? 교사는 어떤 수업을 설계하고 어떤 평가를 해야 하는가? 대학과 사회는 어떤 기준으로 학생을 바라봐야 하는가? 학부모는 자녀의 배움을 어떻게 동반해야 하는가? 사교육은 어떤 방식으로 학생의 성장을 도와야 하는가?

우리가 IB 교육을 통해 비추어본 것도 바로 이 지점이다. IB는 단순히 새로운 커리큘럼이나 평가 방식을 보여준 것이 아니라, 교육을 둘러싼 생태계 전체가 어떻게 변화해야 하는지를 질문했다. 이제 우리는 이 복잡하고 살아 있는 교육 생태계를 조금 더 구체적으로 들여다보려 한다. 학생과 교사, 대학과 사회, 학부모, 그리고 사교육. 각자의 자리에서 변화의 물결을 맞이하고 있는 이 주체들을 하나하나 살펴보며, 그들이 지금 마주하고 있는 현실과, IB라는 거울을 통해 비춰볼 수 있는 새로운 가능성을 함께 읽어보고자 한다.

학생과 교사: 변화의 최전선에 서다

교사의 역할도 급격히 변하고 있다. 예전에는 지식을 전달하는 것이 교사의 주된 임무였다면, 지금은 수업을 설계하고 평가를 조직하는 복합적인 역할을 수행해야 한다. 교사는 학생이 질문을 품고 탐구할 수 있는 경험을 설계해야 하며, 동시에 그 과정을 공정하고 의미 있게 평가해야 하는 이중의 책임을 짊어졌다. IB 교육은 교사를 단순한 지식 제공자가 아니라, 배움의 촉진자, 퍼실리테이터로 정의한다.

학생이 스스로 길을 찾을 수 있도록 지지하고, 배움의 과정 자체를 설계해 주는 존재로 교사를 바라본다. 평가 역시 결과가 아니라 과정을 읽어내는 언어로 새롭게 재구성된다.

이제 교사는 학생에게 정답을 제공하는 사람이 아니라, 학생이 질문을 던지고 자신의 길을 찾아가는 여정을 함께 설계하는 사람이어야 한다. 교육의 중심은 교사의 지식이 아니라, 학생 스스로 만들어가는 배움의 이야기다. 이 변화를 수용할 때, 교사는 진정한 교육의 동반자가 될 수 있다.

실전 사례 | "신뢰가 교실을 바꾼다"

IB 교육을 실현 중인 한 초등 교사는 학생을 지도하는 데 있어 한 가지 원칙을 세웠다.

> "학생을 무조건 믿는 것."

수업 시간에 몰입하지 못해도, 과제를 미뤄도 먼저 학생의 이야기를 들어주는 태도를 선택했다.

> "설령 거짓말이라 해도, 아이가 '나는 신뢰받고 있다'고 느끼는 것이 먼저입니다."

이러한 신뢰는 교실의 공기를 바꾸었다. 학생들은 스스로 책임지고 행동하며, 교사는 그 여정을 지켜보며 지지하게 되었다. 수행평가도 단순한 기준 제시를 넘어서, 학생 스스로 계획하고 실천하는 탐구 프로젝트로 확장되었다.

"신뢰는 방법이 아니라 분위기예요. 교사가 먼저 믿어 주는 순간, 아이도 자신의 배움에 책임지게 됩니다."

빠르게 변하는 교육 현실 속에서 교실은 갈피를 잡기 어려운 공간이 되어가고 있다. 평가 방식은 바뀌고, 학생들의 기대도 달라졌지만, 여전히 교실 안에서는 신뢰가 흔들리는 순간들이 많다. 학생은 교사를 신뢰하지 못하고, 교사는 학생의 가능성을 의심하는 악순환이 반복된다.

IB 교육은 학생을 신뢰하는 데서 출발한다. 학생은 스스로 탐구할 수 있고, 실패를 경험하면서 성장할 수 있으며, 자신만의 배움의 속도를 가지고 있다는 믿음에서 시작하는 것이다. 이 신뢰가 없다면 어떤 수업도, 어떤 평가도 제대로 작동하지 않는다. 과정 중심 평가와 탐구 기반 수업 역시 신뢰 없이는 껍데기에 불과하다. 교사는 학생의 질문과 실패를 진심으로 받아들여야 하고, 학생은 교사의 지지 속에서 두려움 없이 자신의 배움을 확장해야 한다.

실천 포인트 정리 | 신뢰 기반 교실을 위한 세 가지 전환

- 정답보다 질문에 집중한다: 학생의 질문은 배움의 출발점이며, 교사는 그 여정을 안내하는 동반자다.
- 평가는 과정을 읽는 언어다: 점수보다 중요한 것은, 학생이 어떻게 배워가는지를 함께 관찰하는 일이다.
- 신뢰는 먼저 주는 것이다: 교사가 먼저 신뢰를 보일 때, 학생도 스스로의 배움을 책임지게 된다.

교실은 규칙과 관리의 공간이 아니라, 서로를 믿고 함께 성장하는 공간이어야 한다. 신뢰를 기반으로 한 교실만이, 변화의 시대를 견디고 새로운 배움의 문을 열 수 있다.

대학과 사회: 미래를 위한 새로운 기준을 찾다

대학 입시는 여전히 한국 교육에서 가장 민감한 지점이다. 교과 전형은 점차 자리를 잡아가고 있지만, 학생부종합전형은 평가 기준의 불투명성으로 인해 학생, 학부모, 교사 모두에게 불안을 안기고 있다.

IB는 이러한 불안을 줄이기 위해 루브릭과 포트폴리오를 통한 평가의 투명성을 강화한다.

학생이 무엇을, 어떻게 탐구했는지를 명확한 기준으로 평가하며, 과정과 결과 모두를 서사적으로 읽어낸다. 이러한 구조는 평가를 둘러싼 해석의 혼란을 줄이고, 학생의 배움에 집중할 수 있는 환경을 제공한다.

실전 사례 | "점수가 아닌 이야기로 입시를 준비한 아이들"

경기 지역의 한 고등학교에서는 '포트폴리오 기반 생활기록부 작성' 실험을 이어가고 있다.

학생들은 각 과목의 탐구 활동과 수행 과제를 수행하며, 결과보다 과정과 성찰을 중심으로 기록을 남겼다. 학생 A는 '탄소 배출을 줄이는 생활 실천'이라는 주제로 지역 시장을 조사하고, 캠페인 키트를 직접 만들어 친구들에게 나누어 주었다. 이 경험은 단순한 교과 활동을 넘어, 학생이 스스로 문제를 정의하고 해결을 시도한 배움의 흐름이었다.

"그냥 환경이 중요하다는 게 아니라, 내가 왜 이 문제에 관심을 가졌고, 어떻게 바뀌었는지 이야기하고 싶었어요."

- 고등학교 2학년 A 학생

학생은 이 활동을 자기소개서에 녹여냈고, 면접에서도 자신의 탐구 여정과 배움의 의미를 진정성 있게 설명했다. 해당 학교 교사는 말한다.

"성적으로만 설명할 수 없는 학생의 힘, 그건 결국 이야기를 얼마나 설득력 있게 전할 수 있느냐에 달려 있어요."

한국의 대학 입시도 결과 중심의 숫자 경쟁을 넘어서, 학생이 만들어낸 성장의 맥락과 의미를 읽어낼 수 있는 새로운 평가 체계를 구축해야 한다. 해석의 불안을 넘어서야 진정한 교육 혁신이 가능하다.

사회는 빠르게 변하고 있다. 10년 전만 해도 '돈 잘 버는 직업'이 교육의 주요 목표처럼 여겨졌지만, 지금은 더 이상 단순한 수입만으로 삶을 설명할 수 없는 시대가 되었다. 10여 년 전까지만 해도, 학생들은 '돈 잘 버는 직업'에 높은 가치를 두며 의사, 변호사, 공무원 등 고소득·고안정 직업을 선망했다. 실제로 국세청이 발표한 2022년 전문직 소득 통계에 따르면, 의사의 평균 연소득은 4억 원으로 전체 사업자 평균의 10배를 넘는다. 세무사, 회계사, 치과의사 등 전통적인 전문직 역시 평균 1억 원 이상의 소득을 기록하며 고소득 직업군 상위를 차지하고 있다.

이러한 현실은 오랜 시간 동안 '성공＝안정＋고수입'이라는 공식을 교육의 전제로 삼게 만들었고, 사교육 역시 이 목표를 중심으로 움직여 왔다. 하지만 최근 청소년과 청년 세대의 직업 가치관은 점차 변화하고 있다. 교육부와 한국직업능력연구원의 진로교육 조사에 따르면, 초등학생은 여전히 의사와 운동선수, 유튜버를 선호하지만, 고등학생은 교사 · 간호사 · 생명과학자 · 소프트웨어 개발자 등을 희망 직업으로 꼽는다. 공무원은 선호도 상위권에서 밀려났고, IT · 과학기술 기반 직업에 대한 선호가 빠르게 증가하고 있다.

이와 함께 직업을 선택하는 기준도 달라지고 있다. 과거에는 수입과 안정성이 최우선이었다면, 최근 조사에서는 '적성과 능력에 맞는 일', '워라밸', '성장 가능성' 등 개인의 삶의 질과 방향을 고려하는 비중이 높아졌다. 특히 대학생은 "안정성(40%)", "연봉 수준(32%)", "워라밸(31%)", "자기 적성(23%)" 등을 고루 중요하게 꼽으며, 단순히 돈만 많이 버는 직업보다 지속 가능하고 의미 있는 일을 찾고자 하는 흐름을 보여주고 있다.

이러한 변화는 단지 직업 선택의 취향이 바뀐 것이 아니라, 교육이 삶을 어떻게 준비시키고 있는가에 대한 질문으로 이어진다. IB는 '무엇이 되고 싶은가'가 아니라, '어떤 삶을 살고 싶은가'를 묻는 교육이다. 이제 교육은 성적이 아니라 삶의 설계력, 직업이 아니라 존재의 방향을 중심에 두어야 한다.

기술의 발전, 일자리 구조의 변화, 그리고 가치관의 다양화는 학생들에게 '무엇이 되고 싶은가'가 아니라, '어떤 삶을 살고 싶은가'를 묻기 시작했다. IB 교육은 학생들이 자신만의 삶의 방향을 탐색하도록 돕는다. 전인적 성장을 강조하며, 학문 간 경계를 넘어 스스로 의미 있는 문제를 찾고, 해결하는 힘을 기른다. 이러한 배움은 단순한 진로 선택을 넘어, 삶을 설계하는 힘으로 이어진다.

실천 포인트 정리 | 성장을 이야기로 읽는 평가를 위해

- 과정 중심의 포트폴리오를 쌓아라.
  결과물보다 '왜, 어떻게'를 남겨라. 탐구의 맥락이 배움의 의미다.
- 루브릭을 통해 평가 기준을 투명하게 나눈다.
  무엇을 보기 위한 평가인지 학생과 교사가 함께 이해해야 한다.
- 학생의 언어로 배움을 설명할 기회를 제공하라.
  발표, 글쓰기, 인터뷰 등으로 배움의 의미를 자기 언어로 정리하게 한다.
- 입시는 증명이 아니라 서사의 설득이다.
  성장이 드러난다면, 점수는 더 이상 유일한 증명이 아니다.

한국 교육도 이제, 사회가 요구하는 복합적이고 유연한 역량을 키우기 위해, 단순한 직업 선택을 넘어 삶을 설계하는 교육으로 전환해야 한다. 삶을 위한 배움, 그것이 새로운 시대가 요청하는 교육의 방향이다.

교육의 최종 산물을 숫자 몇 개로 환산하는 시대는 끝나야 한다. 학생은 점수 이상의 존재다.

그가 어떤 질문을 품었고, 어떤 과정을 거쳐 성장했으며, 어떤 실패를 경험하고 다시 일어섰는지를 읽어낼 수 있어야 한다.

IB는 성적표를 넘어, 학생 개인의 포트폴리오와 내러티브 평가를 통해 성장의 흐름과 의미를 담는다. 학생 개개인이 만들어내는 성장 서사는 그 자체로 하나의 살아 있는 배움의 기록이다.

한국 교육 역시, 숫자가 아니라 이야기를 읽는 눈을 길러야 한

다. 학생의 서사, 학생의 흔적, 학생의 시간을 읽어낼 수 있을 때, 우리는 교육을 통해 단순히 '성공한 아이'가 아니라 '자기 삶을 살아가는 사람'을 키워낼 수 있다.

학부모: 감독자를 넘어 동반자로

학부모는 사랑 때문에 불안하고, 불안 때문에 때로는 불신한다. 특히 변화하는 교육 시스템과 복잡해진 평가 방식은, 학부모로 하여금 자녀의 교육을 더욱 조심스럽고 긴장된 시선으로 바라보게 만든다. 수행평가의 공정성, 학교 기록의 신뢰성에 대한 의심은 부모를 감독자적 태도로 몰아넣고, 아이와 학교 사이의 거리를 더 멀게 만든다.

IB는 교육에서 신뢰를 핵심 가치로 삼는다. 학생을 신뢰하고, 교사를 신뢰하며, 과정 그 자체를 믿는 문화가 있어야 배움이 꽃필 수 있다고 말한다. 학부모 역시 변화하는 교육을 불신이 아니라 신뢰의 시선으로 바라보아야 한다. 사랑과 불신 사이에서, 우리는 신뢰를 선택해야 한다. 아이의 가능성을 믿고, 배움의 과정을 응원하는 부모가 되어야 한다.

실전 사례 | "정답 대신 질문으로 아이를 지켜보는 법"

- 서울의 한 IB 프로그램 운영 중학교: 학생 B는 '사라져 가는 우리 동네 전통시장'에 관한 탐구 프로젝트를 진행하며, 시장 상인들과 인터뷰를 하고, 소비 변화에 대한 분석 자료를 만들었다.
  이 프로젝트는 교과 수행평가이자, 학부모 공개 발표회에서의 자기 성찰 발표로 이어졌다.

B의 어머니는 발표를 마친 뒤, 이렇게 말했다.

> "예전 같았으면, '왜 이 주제로 했니?', '점수는 잘 받았니?'부터 물었을 거예요. 그런데 발표를 들으면서 생각이 달라졌어요. 아, 이 아이는 자기 눈으로 세상을 보고 있구나. 내가 옆에서 도와줄 수 있는 건, 뭐라고 말해주는 게 아니라… 그냥 함께 걸어주는 거라는 걸 알았어요."

그 이후, 이 학부모는 아이의 탐구 주제나 과제를 '관리'하지 않고 아이의 고민과 질문을 함께 듣고 메모해 주는 역할로 바꾸었다. 학생 B는 이후에도 여러 사회 이슈에 대해 탐구하며, 자신의 관심사를 삶과 연결하는 태도를 이어가고 있다.

기존의 교육 체계는 학부모를 점검자이자 평가자의 위치에 머물게 했다. 성적을 확인하고, 과제를 체크하고, 부족한 부분을 찾아내는 역할을 맡겨왔던 것이다. 하지만 새로운 교육은 학부모에게 다른 길을 요청하고 있다. 감독자가 아니라, 성장의 동반자가 되어야 한다.

IB 교육이 강조하는 학생 주도성은, 어른이 아이의 길을 통제할 수 없다는 사실을 인정하는 데서 출발한다. 학생이 스스로 질문하고 선택할 수 있도록, 옆에서 지켜보고 응원하는 존재가 필요하다. 학부모가 아이의 여정을 함께 걸으며, 질문하고 기다려 줄 때, 비로소 아이는 스스로 성장할 수 있다.

오늘날의 교육은 정답을 아는 사람이 이끄는 방식이 아니다. 정답이 없는 세계에서, 함께 질문을 품고 함께 성장하는 것이 새로운 동반자의 모습이다.

IB는 교육을 '질문을 중심으로 한 배움'으로 재정의했다. 학생이 스스로 묻고, 고민하고, 답을 찾아가는 과정이 배움의 본질이라는 것이다. 부모 또한 정답을 알려주려 하지 않고, 함께 질문하며 기다려줄 때, 아이의 배움은 더욱 깊고 단단해질 수 있다.

실천 포인트 정리 | 감독자를 넘어 동반자가 되기 위한 다섯 가지 변화

- 과정에 귀 기울이기: 결과만이 아니라, 아이가 어떤 질문을 품고 있는지를 함께 듣는다.
- 정답보다 '왜'를 묻기: "왜 이걸 선택했니?"라는 질문은 아이의 생각을 존중하는 시작점이다.
- 기록보다 성찰에 집중하기: 수행평가 점수보다, 그 과정을 어떻게 느꼈는지를 물어본다.
- 응원하되 개입하지 않기: 대신 해주는 것이 아니라, 시도하도록 믿어주는 것이 진짜 지원이다.
- 성장을 믿고 기다리기: 빠른 성과보다 꾸준한 변화, 단기 성적보다 장기적 성숙을 바라본다.

이처럼 IB가 말하는 신뢰의 교육은, 학부모에게도 질문을 던진다. '당신은 아이를 얼마나 믿고 있는가?' 정답을 알려주는 대신, 아이가 자기 삶을 탐색하도록 옆에서 묵묵히 지켜봐 주는 것, 그것이 진짜 '배움의 동반자'로서 학부모의 새로운 자리다.

사교육: 변화 속에서의 역할을 다시 묻다

사교육은 종종 교육 문제의 그림자로만 이야기된다. 그러나 사교육은 때로 공교육이 미처 채워주지 못하는 부분을 보완하며, 학생과 학부모에게 현실적인 대안을 제공해 왔다. IB는 배

움의 장을 공교육에 한정하지 않는다. 학생이 성장할 수 있는 모든 환경, 그 자체가 교육의 일부가 될 수 있다고 본다. 사교육 역시 배움을 지원하는 동반자가 될 수 있다. 문제는 방향이다. 성장을 돕는 사교육이 가능할 것인가. 이것이 앞으로의 핵심 질문이다.

실전 사례 | "입시를 넘어, 배움을 설계하는 사교육의 시도"

- 서울 강남의 한 학원

이 학원은 최근 '포트폴리오형 글쓰기' 프로그램을 도입했다. 학생들이 단순히 첨삭받아 점수를 올리는 데서 그치지 않고, 자신이 관심 있는 주제로 장기적 글쓰기를 이어가며 학습 이력을 축적하는 방식이다.

고등학생 C는 '스마트폰 중독과 청소년의 수면 문제'라는 주제를 가지고 자료조사 → 인터뷰 → 문제 정의 → 대안 제안까지 소논문 수준의 글쓰기를 완성했다. 이 과정을 통해 학생은 단순한 수능 언어영역 대비가 아니라, 탐구 과정에서의 자기 성찰과 사회적 관심을 글로 풀어내는 경험을 했다.

> "처음엔 그냥 '입시 글쓰기'인 줄 알았는데, 끝에는 제 생각이 더 중요해지더라고요. 무언가에 대해 계속 생각하게 됐어요."
>
> \- 고등학교 1학년 C 학생

이 프로그램을 설계한 강사는 말한다.

> "단기 성과보다, 배움의 흔적을 남기는 것이 입시에도 더 지속가능한 전략입니다."

입시 성과를 높이는 데 집중했던 기존 사교육은, 이제 방향 전환을 고민해야 한다. 사교육은 단순히 시험 점수를 올리는 데 그치지 않고, 학생 스스로 배우고 성장하는 힘을 길러주는 방향으로 나아가야 한다. IB가 보여준 포트폴리오 기반의 학습, 프로젝트 중심의 평가 문화를 참고한다면, 사교육 역시 성장 중심으로 재구성될 수 있다.

성장을 돕는 사교육은 어렵지만 가능하다. 그리고 지금, 그것은 반드시 필요한 변화다.

공교육과 사교육은 대립하는 존재가 아니다. 학생이라는 한 사람을 중심에 두고, 서로 다른 영역에서 역할을 분담하고 협력할 수 있다. IB는 학생 중심 교육 생태계를 지향한다. 공교육과 사교육 모두 학생의 성장이라는 목표를 공유할 때, 진짜 교육 혁신이 가능하다.

공교육과 사교육이 함께 학생의 배움을 품을 때, 우리는 비로소 교육의 본질을 회복할 수 있을 것이다.

실천 포인트 정리 | 사교육, '성장을 돕는 동반자'가 되려면

- 입시 대비에서 배움 설계로: 단기 점수 전략이 아닌, 장기적 성장 여정 설계
- 과정 중심의 탐구 활동 도입: 탐구 노트, 프로젝트형 과제, 성찰 일지를 통한 학습 흐름의 기록
- 학생의 주제를 존중하는 커리큘럼: "이걸 외워라"가 아니라 "너는 무엇이 궁금하니?"로 시작하는 수업 설계
- 포트폴리오와 루브릭의 도입: 사교육 내에서도 학습 이력과 기준을 시각화하여 학생의 자기 성찰 유도
- 공교육과의 연결을 고려한 협력: 학교 수업과 충돌하지 않고 상호 보완하는 방식 설계

이러한 구성을 통해 사교육은 단순한 대체자가 아닌, 학생 성장을 위한 협력자로 자리매김할 수 있다. IB가 보여준 것은 '경쟁이 아닌 조화', '점수가 아닌 성장'의 교육 생태계다. 그 철학은 사교육에도 열려 있다.

각자의 자리, 하나의 흐름

변화는 어느 한쪽의 노력만으로 이루어지지 않는다. 학생이 주도적 질문을 품고, 교사가 배움의 설계자가 되며, 대학과 사회가 성장을 읽어내는 눈을 키우고, 학부모가 기다림과 신뢰로 동반자가 되며, 사교육마저도 학생의 성장을 지원하는 방향으로 나아갈 때, 비로소 교육 생태계는 진짜로 움직이기 시작한다.

IB는 우리에게 완성된 답을 보여준 것이 아니라, 각자의 자리에서 무엇을 지켜야 하고, 무엇을 바꿔야 하는지를 비춰주는 거울이었다. 지금 여기, 우리 교육 안에는 이미 변화를 시작할 준비가 되어 있다. 각자의 자리에서 우리는 어떤 거울을 보고 있는가? 그리고 우리는 어떤 방향으로 걸어가야 하는가? 그 흐름을 정리해 보면 다음과 같다.

주체	현재 상황	IB가 비춰주는 거울	앞으로의 방향성
학생	선택과 자율성의 확장 속에서 혼란과 불안	주도적 질문과 탐구의 주체로 서야 함	정답을 찾기보다 스스로 길을 설계하는 힘 기르기
교사	수업 설계와 평가 책임 증가로 인한 부담	교수자에서 퍼실리테이터로 전환	경험을 설계하고 성장을 지원하는 동반자 되기

주체	현재 상황	IB가 비춰주는 거울	앞으로의 방향성
대학	평가 기준의 불명확성과 해석 불안	성적이 아닌 성장 서사를 읽는 평가 강조	학생의 배움과 과정을 읽어내는 입시 체계 구축
사회	진로 목표의 단선성('돈 잘 버는 직업' 중심)	삶의 방향을 스스로 설계하는 교육 지향	다양한 삶의 경로를 존중하는 가치 전환
학부모	교육 시스템에 대한 불신과 감독자적 역할	신뢰와 기다림을 통한 성장 지원 강조	감독자에서 동반자로 전환, 질문하고 함께 성장하기
사교육	입시 성과 중심, 정보 제공자 역할	과정과 성장을 지원하는 역할 가능성 제시	학생 주도 학습을 돕는 성장 기반 사교육으로 변화

교육은 어느 한 주체의 노력만으로는 바뀌지 않는다. 학생, 교사, 학부모, 대학, 사교육, 사회—모두가 각자의 자리에서 질문하고 성찰하고 전환할 때, 교육은 비로소 유기적 흐름을 만들며 나아간다. 우리가 IB를 바라보는 이유는 완성된 답이 있어서가 아니다. 그 철학은 오히려 우리 교육의 가능성과 과제를 비추는 거울이 되었고, 그 안에서 우리는 '무엇을 따라 할 것인가'가 아니라, '무엇을 새롭게 만들어갈 것인가'를 묻게 되었다.

이제 중요한 것은, 누구도 빠짐없이 교육의 동반자로 다시 서는 일이다. 각자의 자리를 고집하는 것이 아니라, 각자의 자리를 통해 하나의 흐름을 만들어가는 것. 그 흐름 속에서 우리는 더 이상 경쟁자도, 방관자도 아닌 함께 배우고 함께 성장하는 존재로 연결될 수 있다.

변화는 이미 시작되었다. 그 변화를 끝까지 밀고 나갈 힘은, 결국 우리 모두의 '함께'에서 비롯된다.

CHAPTER 09

구조와 시스템, 확장을 가능하게 하려면

철학 없는 구조는 버겁고,
구조 없는 철학은 외롭다.
그래서 교육은 연결되어야 한다.

1. 교육과정-평가-입시의 정렬을 위한 구조적 이해와 재설계

교육과정-평가-입시
├── 불일치 양상(따로국밥)
├── 심화 원인: 평가 보수성, 입시 구조, 제도 미비
└── 개선 방안: 평가 도구 다양화, 포트폴리오 평가, 교사 권한 강화

구조적 불일치의 구체적 양상: 교육과정, 평가, 입시의 '따로국밥' 문제

한국 교육의 가장 근본적인 병목지점 중 하나는 교육과정, 평가, 입시 사이의 체계적 단절이다. 2022 개정 교육과정은 학생의 삶과 연결된 진정한 배움, 즉 핵심역량 기반 교육과 과정 중

심 평가의 확산을 강조하고 있음에도 불구하고, 여전히 많은 학교 현장에서는 입시 위주의 교수－학습 및 평가가 주를 이루고 있다.

예를 들어, 교육과정에서는 '자기관리 역량', '협력적 소통 역량', '공동체 역량'을 중요하게 가르치라 요구하지만, 실제 수능 중심의 대학 입시 체계에서는 이들 역량을 제대로 반영할 구조가 거의 없다. 이로 인해 학교 현장에서는 교육과정의 방향성과 현실적인 입시 대비 사이에서 선택의 압박과 교육 목적의 왜곡이 일어나고 있다.

수능 중심 지필 평가가 중심이 되다 보니, 교사는 지식 암기와 정답 중심의 수업으로 회귀하게 된다. 학생부종합전형이 확대되었지만, 여전히 정량 중심 평가(내신, 수능)가 입시에 결정적 역할을 한다. 과정 중심 평가의 실천 부족이다. 포트폴리오나 성찰 기록 등의 중요성이 커졌지만, 이는 평가 신뢰성에 대한 논란과 교사의 과중한 업무 탓에 형식적으로 이뤄지는 경우가 많다. 정성적 평가와 정량적 입시 결과의 괴리가 크다. 활동 중심 교육을 해도 정량적인 수능 결과가 좋지 않으면 대학 진학이 어렵다.

이로 인해 교사들은 "교육과정을 중심에 둔 수업을 하자"는 철학과 "입시에 유리한 방식으로 가르치자"는 현실 사이에서 갈등한다. 이는 결과적으로 교사들이 교육과정을 신뢰하지 못하게 만들고, 학생들에게도 배움보다는 스펙 쌓기와 문제 풀이에 집중하게 하는 악순환을 낳는다.

구조적 불일치를 심화시키는 원인 분석

평가 체계의 보수성

평가가 여전히 정답 중심, 표준화된 지필시험에 머무르고 있는 것이 구조적 단절의 가장 큰 원인이다. 교육과정이 아무리 학습자의 삶과 성장을 강조하더라도, 그것을 측정하는 도구가 구식이라면 교육의 방향은 결국 평가에 종속될 수밖에 없다. 강조하고 있는 과정 중심 평가가 이상적이나 입시와 무관해 실현이 어렵다고 응답했다. 수능과 내신이라는 평가 도구의 갱신 없이 교육과정만 바뀌는 구조는 '죽은 교육과정(dead curriculum)'을 양산한다.

입시 체계의 정량 중심성

입시의 문턱은 여전히 수능 점수와 내신 등 정량적 지표에 의해 결정된다. 최근 서울대와 연세대 등이 정성적 평가를 확대한다고 발표했지만, 실제 입시 결과는 수능 최저 충족 여부에 의해 좌우되는 경우가 많다. 정성적 요소가 반영되기 위해서는 학교의 평가 시스템과 입시 평가자 간의 신뢰 구축이 필수지만, 현재는 그런 시스템이 부족하다.

현장 적용을 위한 제도적 지원 부족

교사들은 평가 역량 강화를 위한 연수나 지원을 충분히 받지 못하고 있다. 학교 단위에서 과정 중심 평가나 프로젝트 기반 수업이 현실적으로 어렵다는 인식은 교사들의 소극적 실행으로 이어진다. 또한 교원 1인당 평균 학생 수가 많고, 행정업무도 과중해져 개별 학생의 성장 과정을 면밀히 관찰하고 평가할 여력이 없다.

구조적 개선 방안: 정렬된 시스템을 위한 제도적 설계

교육과정, 평가, 입시 간의 불일치는 단순한 운영상의 혼선이 아니라, 학습자 경험 전반을 파편화시키는 구조적 문제다. 이를 해소하기 위해서는 세 요소가 상호 유기적으로 연결되는 시스템적 재설계가 필요하며, 다음은 이를 실현하기 위한 다각도의 구조 개선 방안이다.

교육과정과 평가의 일치: 교사 중심 설계 권한 강화

현행 교육체계는 교육과정과 평가 사이의 괴리를 해소하지 못하고 있다. 이를 해결하기 위해서는 교사 중심의 설계 권한을 강화하고, 평가의 방향성을 성취 기준 중심에서 '성장 서사' 중심으로 전환해야 한다. 교사는 학생의 학습 성장 과정을 중심으로 성찰과 발달을 평가할 수 있어야 하며, 이는 IB의 ATL(Approaches to Learning) 및 CAS 활동에서처럼 포트폴리오 중심의 평가 방식 도입으로 구체화될 수 있다. 평가가 학생의 일상적 학습 흐름 속에서 이루어지고, 그 성과가 자연스럽게 기록으로 전환될 수 있는 구조를 갖추는 것이 중요하다.

평가 도구 다양화 및 중앙지원체제 구축

평가의 신뢰성과 실효성을 높이기 위해서는 단일 시험 중심의 구조를 벗어나, 서술형 문항, 프로젝트 기반 학습(PBL), 협력 평가 등 다양한 평가 도구의 활용이 필수적이다. 이를 교사 혼자 설계・운영하도록 하는 것이 아니라, 국가 단위의 평가 자료 공유 플랫폼을 통해 현장에서 쉽게 접근하고 활용할 수 있도록 지원해야 한다.

부산광역시교육청은 '부산교수학습샘터'를 통해 '과정중심 학생평가 길잡이' 자료를 제공하고 있다. 이 자료는 교육부의 정책 방향에 따라 개발된 것으로, 교사들이 수행형, 선택형, 서술형 등의 다양한 평가 문항을 참고하여 수업에 적용할 수 있도록 지원한다. 이러한 지원을 전국적으로 확대하고, 학교의 평가 계획 수립 시 필수적으로 활용하도록 제도화함으로써, 학교 간 편차와 교사 간 부담을 줄이고, 평가의 질을 높일 수 있다.

입시 제도의 구조 개선: 정성평가와 서류 평가의 신뢰성 확보

입시는 학교 교육의 방향성과 학생의 배움에 지대한 영향을 미친다. 따라서 입시 제도의 구조 설계 자체를 재검토해야 하며, 특히 정성평가와 서류 기반 평가의 신뢰성을 확보하는 것이 중요하다. 이미 서울대, KAIST 등은 자기소개서, 비교과 기록 중심의 평가 방식을 확대하고 있으며, 이는 점차 입시 전반으로 확산되어야 한다. 이를 위해 공통 평가 루브릭, 평가자 전문성 강화를 위한 연수 체계, 학교 간 격차를 보정할 수 있는 다중 채점 시스템이 마련되어야 한다. 이는 단지 공정성을 확보하는 것을 넘어서, 학교 교육이 평가를 의식하며 왜곡되는 현상을 줄이고, 교육의 본질을 회복하는 데 기여한다.

또한, 교육과정 기반 입시 문항 개발이 병행되어야 한다. 수능, 논술 등의 문항은 성취기준에 근거하여 학생의 사고력, 문제해결력, 창의성을 평가할 수 있도록 개편되어야 하며, IB의 문제 유형처럼 자료 분석, 비판적 해석, 자기 관점 구성을 요구하는 문항 설계가 참고가 된다.

현장 실행력을 높이는 지원 구조 확립

제도적 변화는 현장의 실행력 없이는 무력해질 수 있다. 따라서 교사 대상 평가 리터러시 연수 강화, 시간 및 인력의 구조 조정, 학교 내부 시스템의 재정비가 병행되어야 한다. 교육청 단위에서 실습 중심의 연수를 정례화하고, 사례 공유 포럼 등을 통해 교사의 실제 적용 역량을 높이는 지원 체계가 필요하다. 또한, 수업과 평가, 기록이 유기적으로 연결되도록 하기 위해 수업 시수 재조정, 보조 인력(TA)의 확보, 행정 업무의 경감이 병행되어야 한다.

특히, IB에서 운영되는 전담 코디네이터 제도는 교사 개별의 부담을 조직적으로 분산시킨 대표적 사례이다. 이러한 역할을 담당할 학교 내 평가 설계 지원 인력을 공식화함으로써, 교육과정과 평가의 연계를 보다 효과적으로 실행할 수 있다.

실제 적용 가능성과 정책 제안

이러한 구조적 개선 방안은 이론적 구상에 머무르지 않는다. 이미 경기미래학교, 서울형혁신학교, 세종형 고교학점제 운영 학교 등에서 교과-비교과-서류 간의 정렬 구조가 실험되고 있으며, 학생 성찰 활동의 포트폴리오화, 학교생활기록부의 정성적 반영 등도 운영 중이다.

이러한 성과가 일부 학교에 국한되지 않기 위해서는, 개별 교사나 학교의 역량에 의존하는 방식에서 벗어나야 한다. 국가 차원의 법적·재정적 시스템 구축, 입시 구조의 동시적 개편, 정책 간의 정합성 유지가 반드시 전제되어야 한다.

국가 교육정책은 각 제도의 모듈화를 넘어, 전 생애주기적 관점에서 학생의 배움과 성장을 하나의 맥락으로 바라보아야 한다. 교육과정-평가-입시가 동일한 철학과 기준에 의해 설계되고 작동되는 시스템만이, 교육의 진정한 공공성을 회복할 수 있다.

2. 신뢰 기반 기록 문화의 확산: 교육의 정합성과 진정성을 회복하기 위한 조건

교육 기록 문화
├─ 신뢰 상실 원인: 주관성, 왜곡, 부담
├─ 전환 전략: 성취기준 루브릭, 표준화, 포트폴리오
└─ 기술 활용: AI-지원, 블록체인 기반 기록 시스템

평가 기록은 교육의 얼굴이다: 기록 문화의 현재

학교는 배움의 장이자 성장의 무대다. 그리고 그 배움과 성장의 궤적을 담아내는 핵심 수단이 바로 교육 기록이다. 특히 학생부, 포트폴리오, 교사 피드백, 성찰 일지 등의 형태로 구성되는 기록은 단순한 정보가 아니라, 학생의 경험과 의미 있는 변화, 가능성까지 내포한다. 그러나 지금 한국 교육의 기록 문화는 여러 면에서 기능적, 신뢰적 한계를 드러내고 있다.

현재 한국의 교육 기록 체계가 직면한 문제는 다음과 같다.

교사의 언어가 학생의 성장보다 서식과 분량을 채우는 데 초점이 맞춰져 있다. 이는 실제 성장과 평가가 불일치하는 결과로 이어진다.

또한, 교사별, 학교별, 지역별로 기록 방식과 분량, 언어의 차이가 커, 입시에서 공정성을 담보하기 어렵다는 지적이 있다.

그리고 신뢰가 부족하다. 학부모나 대학은 학교의 기록을 '꾸며낸 서사'로 간주하는 경향이 있으며, 일부 고교에서는 이를 의식해 '전문 대필업체'까지 동원하는 실태도 보도되었다.

고교학점제의 시작으로 학생에 대한 기록을 학기별로 하게 되면서 기록의 양은 더 많아졌다.

교사들은 수많은 행정과 기록 업무로 인해, 정작 수업과 피드백에는 충분한 시간을 쓰지 못하는 구조 속에 놓여 있다.

결과적으로 교육 기록은 신뢰받지 못하고 있으며, 이는 교육 본연의 기능과 입시 체계 간의 정합성을 무너뜨리는 중대한 구조적 위험 요인으로 작동하고 있다.

왜 교육 기록은 신뢰를 잃었는가: 불신의 구조

신뢰는 일관성과 정합성에서 비롯된다. 그러나 현재의 교육 기록은 다음과 같은 구조적 문제로 인해 신뢰를 구축하는 데 실패해 왔다.

표준화 부족과 주관성 논란

학생부 종합 전형이 확대되면서 정성적 평가의 비중이 증가했지만, 평가 기준과 서술 방식의 통일성이 부족하다. 예컨대 동일한 활동이라도 어떤 교사는 "리더십을 발휘하였다"고 평가하고, 어떤 교사는 "참여하였다"로 기록하는 등 표현의 주관성으로 인해 신뢰도와 비교 가능성이 떨어진다.

입시 위주의 기록 왜곡

대학 입시에서 학생부 기록이 당락에 영향을 미치게 되면서, 기록이 성장을 반영하기보다는 '합격 전략'의 도구가 되어 버리는 현상이 발생했다. 이는 실제 활동과 무관한 미화, 생략, 조작 시도 등을 유도했고, 학생과 학부모 모두 기록 자체를 불신하게 되었다.

교사의 과도한 책임과 부담

교사들은 평가자이자 기록자로서 입시 결과에 대한 책임을 묵시적으로 짊어지고 있다. 교육 활동의 진정성이 아닌, 기록의 완성도와 정합성을 위한 업무가 늘어나면서, 기록의 의미가 수단화되는 현실이 고착되었다.

신뢰 기반 기록 문화 정착을 위한 조건과 구조적 방안

기록은 단순한 행정적 행위가 아니라, 학생의 배움과 성장을 입체적으로 담아내는 교육의 얼굴이다. 그러나 지금까지의 학교 기록은 불신과 왜곡, 과잉 기술 등의 논란에 휩싸이며 본래의 역할을 제대로 수행하지 못해왔다. 신뢰 기반의 기록 문화를 정착시키기 위해서는 단순히 기술을 개선하는 수준을 넘어, 교육 시스템 전반의 구조 정비와 문화 전환이 병행되어야 한다. 다음은 이를 실현하기 위한 주요한 조건과 개선 방향이다.

기록 평가 기준의 표준화

학교 현장의 자율성과 다양성을 인정하면서도, 평가의 일관성과 신뢰도를 확보하기 위해서는 정성평가용 루브릭의 표준화가 필요하다. 교육부 또는 한국교육과정평가원과 같은 공적 기관이 주도하여, 서술 항목의 구성 원칙, 평가 척도, 성장 서사 유형 등 표준화된 프레임을 개발해야 한다. 이는 교사 간 해석의 차이를 줄이고, 학부모 및 대학 등 외부 이해당사자에게도 기록의 신뢰성과 해석 가능성을 제공한다.

아울러, 성취기준 기반 서술 매뉴얼 개발이 병행되어야 한다. 교육 현장에서 성취기준 기반 평가가 강화되고 있음에도 불구하고, 교사들이 이를 실제 수업과 기록에 구체적으로 반영하기 위한 서술 도구나 실천 매뉴얼은 부족한 실정이다. 특히 학생의 활동, 태도, 역량 성장을 성취기준과 정밀하게 연결하여 기술하는 데 있어 주관적 판단이나 표현의 다양성으로 인해 기록의 일관성과 전문성이 떨어지는 문제가 지속적으로 제기되어 왔다.

성취기준은 단순한 평가 문항이 아닌, 수업의 목표와 방향을 제시하는 핵심 지표이다. 따라서 교육과정의 성취기준을 교사 기록 언어로 번역해 내는 일은 수업 전문성과 평가 신뢰도를 높이는 핵심 작업이다.

성취기준 기반 평가에서의 문제점 및 개선 방안을 살펴보면 성취기준 기반 평가에서 가장 어려운 점 중 하나로 교사들이 성취기준을 실제 교수학습 상황과 연결하는 데 필요한 '평가 언어의 해석력' 부족을 지적하였다. 이에 따라 교사들이 성취기준을 기반으로 학생의 수행을 분석하고 기술할 수 있도록 돕는 표현 매뉴얼의 필요성이 부각된다.

이러한 문제를 해소하기 위해서는 단순한 성취기준 목록 제시를 넘어서, 다음과 같은 구체적 자료 개발이 병행되어야 한다.

- 역량 요소별 성취기준 해석 가이드: 예컨대, '비판적 사고를 활용하여 정보를 분석한다'는 기준에 대해 어떤 학생 행동이 이에 해당하며, 어떤 표현으로 기술할 수 있는지를 명시하는 가이드
- 교과별 서술 표현 예시: '의사소통 능력을 바탕으로 협업에 참여함'이라는 태도 기준에 대해 '적극적으로 의견을 조율하며 소그룹 토의에 기여함'처럼 현실적인 문장으로 표현하는 예시집
- 성장 서사 기록 사례집: 국어, 사회, 과학 등 교과별로 학생의 활동-기준-서술 간의 연계 사례를 다수 수록한 사례집

이런 서술 매뉴얼은 교사 간 기록의 신뢰성과 일관성을 높이며, 교육과정-수업-평가의 연계를 구체화하는 데 실질적인 도구로 작용할 것이다.

성취기준 기반 서술 매뉴얼은 단순한 참고자료를 넘어, 교사의 수업 성찰력 강화, 평가의 타당성 확보, 학생 피드백 고도화에 기여하는 핵심적 수단이다. 매뉴얼 개발은 다음과 같은 방향으로 추진되어야 한다.

- 각 교과 성취기준에 맞는 표현 프레임 개발
- 서술 예시 문장 데이터베이스 구축
- 사례 중심의 교사 실천자료집 제작
- 정기적인 교사 간 워크숍과 공유 체계 운영

각 교과에서 제시하는 성취기준에 따라 학생의 활동, 태도, 역량 성장을 구체적으로 연결할 수 있도록 서술 예시와 사례 중심의 자료집을 제공함으로써, 교사들이 실전에서 기록을 보다 정밀하게 활용할 수 있도록 도울 수 있다. 교사는 보다 정밀하고 일관성 있는 기록 활동을 실천할 수 있을 것이고, 성취기준 중심 교육과정의 목적을 실현할 수 있을 것이라 생각된다.

기록의 근거 중심 구조화

기록의 신뢰는 그에 기반한 근거 자료의 체계적 구조화를 통해 확보된다. 이를 위해서는 학생 활동을 담은 포트폴리오 시스템과의 유기적 연계가 필요하다. 예컨대 국제 바칼로레아(IB)의 CAS(Creativity, Activity, Service) 활동은 학생이 주도적으로 활동 내용을 기록하고, 교사는 이를 확인하고 승인하는 구조를 갖고 있다. 이 방식은 기록의 객관성과 책임의 분산, 교사-학생 간 상호 신뢰를 가능하게 한다.

또한, 기록의 중심을 교사가 아닌 학생의 성찰과 협력적 학습 과정에 두는 문화 전환이 필요하다. 성찰 일지, 동료 피드백, 공동 프로젝트 기록 등 학생이 주체적으로 생성한 자료가 평가의 주요 기반이 되어야 하며, 교사의 서술은 이를 종합적으로 요약하고 해석하는 역할을 맡아야 한다. 이는 학생 주도성과 자기 성장 인식 능력을 동시에 키우는 효과를 가진다.

교사-학부모-대학 간의 신뢰 시스템 구축

기록을 신뢰할 수 있으려면 그 내용을 공유하고 해석하는 공동의 기준과 소통 구조가 마련되어야 한다. 이를 위해 기록공개 및 피드백 시스템 확대가 필요하다. 일정 기간 내에 학부모와 학생이 기록 내용을 검토하고 의견을 제시할 수 있도록 하여, 기록의 투명성, 수용성, 수정을 통한 성장 가능성을 제도적으로 보장한다.

또한, 입시기관과의 평가 협의체 구성이 요구된다. 현재 일부 대학은 학교생활기록부를 평가 요소로 활용하나, 해석 기준이 불분명하고 학교 간 신뢰도가 상이하다. 서울대, 연세대, 고려대 등 주요 대학과 시·도교육청이 공동으로 평가 자료 공유 및 해석 지침을 마련함으로써, 학생부 기록이 입시에서 신뢰할 수 있는 공적 자료로 기능할 수 있도록 해야 한다.

디지털 기반 기록 시스템의 활용

최근 디지털 기술의 발달은 기록 시스템 개선의 새로운 가능성을 제공하고 있다. 하지만 단순히 기록의 양을 늘리는 방향이 아니라, 질적 정합성과 신뢰도를 높이는 기술이어야 한다. 대표적으로는 다음과 같은 기술 도입이 가능하다.

AI 기반 서술 지원 시스템은 교사가 입력한 키워드와 활동 데이터를 기반으로 적절한 문장을 제안하거나, 기존 서술의 객관성과 표현의 정합성을 검토할 수 있도록 돕는다. 이는 교사의 업무 부담을 줄이고, 기록의 질을 일정 수준 이상으로 유지하는 데 기여한다.

블록체인 기반 학습 이력 관리 시스템은 학생 활동의 시간, 참여자, 결과 등을 위변조 불가능한 기술로 기록함으로써, 기록의 투명성과 진위성 보장을 가능하게 한다. 해시 함수로 연결된 블록 구조는 한 번 저장된 데이터를 변경할 수 없게 만들어 이력 위조를 원천적으로 차단할 수 있다. 따라서 대입 자료로 활용될 경우, 문서의 진정성에 대한 사회적 신뢰를 확보할 수 있다.

이러한 기술 도입은 교사의 전문성을 보완하고, 기록의 공정성과 신뢰를 확보하는 데 실질적인 기여를 한다. 단, 기술 도입은 교육적 판단의 대체가 아닌 지원 도구로서 가능해야 하며, 현장 적응성과 교육 목적에 대한 철저한 검토가 수반되어야 한다.

기록은 문화다

신뢰 기반의 교육 기록은 단순한 업무 절차가 아니다. 그것은 교육의 신념을 드러내는 문화이며, 교사와 학생, 학부모와 대학 사이의 신뢰를 축적해 나가는 사회적 계약이다. 진정한 기록 문화의 정착을 위해서는 지금보다 훨씬 정밀하고 유기적인 시스템 설계가 필요하다. 교육이 한 사람의 삶을 존중하는 과정이라면, 그 삶을 담는 기록 역시 공정하고 따뜻한 구조 위에서 이뤄져야 한다.

결론적으로, 신뢰 기반의 기록 문화를 정착시키기 위해서는 기준의 표준화, 근거 중심의 구조화, 신뢰 공동체의 설계, 디지털 기술의 적절한 도입이라는 다면적 접근이 필요하다. 이는 단지 학생부 작성을 효율화하는 차원이 아니라, 학생의 삶과 학습의 진정한 의미를 드러내고 이를 함께 해석해 가는 공공적 기록 체계를 만드는 일이다.

3. 교육의 지역 격차, 시스템의 불균형이 만든 구조적 문제

배움의 환경 구조

- 지역 격차: 교육 선택권 불균형, 교사 인력 차이
- 자원 불균형: 예산, 기자재, 비교과 활동 격차
- 교사 시스템 문제: 만능형 요구, 협업 부재
- 해결 전략: 균형 투자, 맞춤 예산, 협업 기반 교사 팀제

지역 격차는 존재하는가?

한국 교육은 '공교육의 평등성'을 강점으로 자부해 왔지만, 실제로 학생이 어떤 지역에 사느냐에 따라 교육 경험의 질이 달라진다는 문제의식은 점점 더 명확해지고 있다. 예를 들어, 서울 강남권 고교의 서울대 진학률은 전국 평균의 5배를 넘으며, 지역 일반고에서는 주요 대학 진학 실적이 '0'인 경우도 존재한다. 또한 진로・진학 지도 전담 인력 비율, 고급 교과 개설률 등도 수도권과 지방 간 격차가 크다. 이는 교육의 기회의 평등이 보장되지 않고 있음을 구조적으로 입증한다.

구조적 원인: 지역 격차는 왜 고착화되는가

고교 체제와 학교 선택권의 불균형

수도권 지역은 자율형 사립고, 특목고, 혁신학교 등 다양한 교육 선택지를 제공하지만 비수도권은 일반고 중심의 획일화된 체제로 제한된다. 이러한 교육 환경의 다양성 결핍은 학습자 중심 교육, 심화 탐구형 프로그램 등의 질 높은 교육 활동에 접근할 수 있는 기회 자체를 제한한다.

또한 대도시는 학생들이 원하는 학교를 선택할 수 있는 반면, 농산어촌 지역은 학교가 적고 통학 여건이 제한적이어서 사실상 학교 선택권이 부재하다. 이는 곧 교육 내용, 진로 경험, 대학 입시 전략 등에 큰 영향을 미친다.

교사 인력 배치의 불균형

지역 간 교육 격차를 가장 심화시키는 요인 중 하나는 교사의 질적·양적 배치 문제다. 서울과 수도권의 경우 경력 교사가 많고, 연수 기회도 상대적으로 풍부하다. 반면 지방에서는 신규 교사 또는 순환 근무 교사 비율이 높고, 전문성 축적의 연속성이 떨어진다. 도시와 시골의 교사 평균 경력도 차이가 난다. 이는 수업의 질뿐 아니라 학생에 대한 피드백, 진로 상담, 평가 기록의 신뢰도에까지 영향을 미친다.

지역 기반 교육자원과 네트워크의 한계

지역 교육의 질은 학교만으로 설명되지 않는다. 지역사회가 제공하는 문화·과학·예술·산업 자원은 학생의 학습 동기를 자극하고, 탐구 활동의 깊이를 확장하는 중요한 요소다. 그러나 수도권과 달리 지방은 지역 기반의 비교과 활동, 산학 연계 프로그램, 진로체험 인프라가 매우 제한적이다.

예컨대 서울이나 광역시가 인근한 지역은 한국과학창의재단, 국립중앙과학관, 대기업 연구소 등과 연계된 고교-대학 프로그램이 활성화되어 있지만, 광역시와 거리가 먼 비수도권 지역의 고등학생들은 동일한 기회를 온라인 외에는 접하기 어렵다. 이는 지역 간 '탐구-기록-입시'의 전반적 선순환 구조 형성 자체를 방해한다.

지역 격차를 줄이기 위한 구조 개선의 방향

교육격차는 단기적이고 일시적인 정책으로는 해소되지 않는다. 지역 간 교육 수준의 차이는 구조적 원인에 뿌리를 두고 있으며, 이를 해소하기 위해서는 근본적인 제도 설계와 시스템 전환이 요구된다. 다음은 실효성 있는 구조 개선 방안을 중심으로 정리한 방향이다.

교육 자원에 대한 국가 차원의 균형 투자

지역 간 교육격차를 줄이기 위해서는 국가 차원의 균형 잡힌 교육 자원 투자가 핵심이 된다. 특히 고교학점제 전면 도입에 따른 구조적 대응이 중요하다. 교육부는 지역 거점 고등학교를 중심으로 과목 공동 개설 시스템을 시범 운영하고 있으며, 이를 전국으로 확대할 계획을 밝힌 바 있다. 이 같은 공동교육과정 시스템은 소규모 학교나 교과 인프라가 부족한 농산어촌 지역 학생들에게도 심화 전공 과목을 선택할 수 있는 기회를 제공한다.

국가 차원의 과목 유통 시스템을 더욱 체계화하고 공공화하여, 지역과 무관하게 다양한 교과 선택이 가능하도록 해야 한다. 이는 단순한 온라인 강의 제공을 넘어, 교육 콘텐츠의 공동 설계, 강사 공유, 학점 인증 등 통합적 관리 시스템 구축을 필요로 한다.

또한, 온라인–오프라인 연계 프로그램의 전국적 보급이 중요하다. 메타버스 기반 실험실, 온라인 진로 멘토링, AI 기반 실습 수업과 같은 기술 기반 프로그램은 지역 인프라의 한계를 뛰어넘을 수 있는 대안이 된다. 이를 위해서는 국가 교육 플랫폼의 개발과 지속적인 콘텐츠 업그레이드가 병행되어야 한다.

교사 인사 시스템의 지역 정착형 개편

지역 교육의 질은 결국 교사에게 달려 있다. 그러나 현재의 교사 인사 시스템은 지역 간 순환 배치를 기본으로 하며, 교사들이 특정 지역에 장기적으로 정착하기 어렵게 만든다. 이를 개선하기 위해서는 지방 근무 교사에 대한 실질적인 인센티브 강화가 필요하다. 농산어촌 근무에 대해 수당 확대, 정기 연수 우대, 승진 가점 등의 가시적인 보상이 체계적으로 적용되어야 한다.

더 나아가, '지역교육 전문가 시스템' 도입이 필요하다. 이는 단기 순환이 아니라, 한 지역에서 장기적으로 교육 생태계를 이끌 수 있는 '지역교육 매니저형 교사'의 배치를 의미한다. 이를 위해서는 전입 전 교육, 정착금 및 주거비 지원, 생활 인프라 제공 등 제도적·생활적 조건을 동시에 설계해야 한다. 단순한 순환 근무를 넘어서, 지역에 뿌리내릴 수 있는 교사 모델이 정착되어야 한다.

지역 교육청의 기획 역량 강화

교육과정 운영의 자율성이 강화될수록 지역 교육청과 학교의 기획 역량이 중요해진다. 현재는 중앙 중심의 교육과정 설계와 운영이 일반화되어 있지만, 지역 특성에 맞는 교육이 이루어지기 위해서는 지역 단위의 교육과정 재구성 권한 확대가 필요하다.

예를 들어, 지역의 산업, 생태, 역사, 문화와 연계된 프로젝트 수업이나 통합 교과 운영이 가능하도록 일부 단원을 지역 특화 주제로 재구성할 수 있는 권한을 교육청과 학교에 부여해야 한다. 이는 교육부가 추진 중인 고교학점제 선택형 교육과정 모델과도 방향성이 일치한다.

아울러, 지역 대학과 고등학교 간의 협업 체계 구축이 필요하다. 고교생이 지역 국립대의 실험실을 활용하거나, 교수진과의 멘토링, 세미나에 참여할 수 있도록 제도화함으로써, 지역 교육 생태계의 수직적 연계를 실현해야 한다. 이러한 구조는 고교교육의 확장성과 진로 탐색의 현실성을 동시에 확보할 수 있게 한다.

균형 발전을 위한 교육 거버넌스 재설계

지역 교육 격차 해소를 위한 근본적인 해결책은 중앙-지방 교육 행정 구조의 재조정과 재정의 분권화에 있다. 현재 지방교육재정은 국고 지원에 크게 의존하고 있으며, 지역 특성을 반영한 정책을 펼칠 수 있는 자율성은 매우 제한적이다.

이를 해결하기 위해서는 '지역교육 자율예산제' 도입이 필요하다. 지방자치단체가 교육청과 협의하여 자체 예산으로 지역 특성에 맞는 교육 정책을 수립·운영할 수 있도록 하는 구조가 되어야 하며, 이를 위한 교육재정 분권이 법적으로 보장되어야 한다.

또한, 지자체-교육청-대학-산업체-학부모-교사로 구성된 지역교육 협의체의 법제화가 요구된다. 현재는 일부 지역에서 임의적 혹은 일시적으로 운영되지만, 지속 가능한 교육정책을 설계하고 실행하기 위해서는 법적 근거와 행정적 의무가 수반되는 거버넌스 체계가 필수적이다. 이러한 협의체는 단기 성과 위주의 사업을 넘어, 중장기 지역 교육 전략을 수립하고 실현할 수 있는 통합 기획 기능을 수행할 수 있다.

교육 평등의 실현은 '지역에서부터'

교육 격차를 줄이는 일은 단지 점수를 맞추는 일이 아니다. 그것은 학생의 삶이 자라는 구조를 고르게 만드는 일이며, 어떤 지역에서 태어났는지가 기회의 차별로 이어지지 않도록 막는 일이다. 지역 교육의 개선은 전국 단위 교육의 질을 끌어올리는 일이기도 하다. 이제는 '서울대 몇 명 보냈냐'가 아니라, 모든 학생이 자기 삶의 진로를 스스로 설계할 수 있게 된 교육 구조를 만들었는지를 물어야 할 시점이다.

4. 교육 자원의 배분, 공정한 교육의 시작점

왜 자원 배분이 중요한가: 출발선이 다른 교육

모든 아이들은 평등하게 태어나지만, 그들이 배우게 되는 교육의 환경은 평등하지 않다. 학교에 배정된 예산, 교사 수, 실험 기자재, 디지털 장비, 예술・체육 공간, 상담 인력까지 교육 자원의 질과 양은 교육 결과에 직접적인 영향을 준다. 이러한 자원은 단순한 '시설'이 아니라, 아이의 가능성을 여는 '조건'이기 때문이다.

또한 학생이 다니는 학교가 어떤 유형인가에 따라서도 자원의 배분은 달라졌다. 예를 들어 자율형 사립고는 기업・동문 기부와 자체 수익으로 다양한 시설과 프로그램을 갖추는 반면, 지방의 소규모 일반고는 난방비조차 부족한 경우가 발생한다. 출발선의 차이는 곧 결과의 차이를 낳게 된다.

구조적 불균형: 자원 배분의 불공정은 어떻게 나타나는가

지방교육재정의 편차

한국의 교육재정 구조는 국가교육재정교부금 제도에 기반한다. 이는 내국세의 약 20.79%를 일정 비율로 지방 교육청에 배분하도록 하는 제도이지만, 실제로는 각 지역의 세수 규모, 학교 수, 학생 수 등에 따라 교육청 간 편차가 심화된다.

예를 들어, 경기도와 서울은 많은 교부금을 받지만, 상대적으로 울산이나 세종처럼 규모가 작고, 인구가 적은 지역은 기본적인 학교 운영조차 어려운 경우가 많다. 또한 농어촌 지역은 학령인구 감소에 따라 총 교육비 자체가 줄어드는 구조적 한계에 직면한다.

교육 기회의 차이

서울이나 경기권에서는 하나의 학교당 평균 30개 이상의 동아리 활동과 창의적 체험활동이 개설되지만, 강원이나 전북, 경남 등 일부 지역의 소규모 학교는 5개도 채 안 되는 활동만 제공하는 경우가 있다. 이유는 간단하다. 활동을 운영할 예산과 교사 인력이 부족하기 때문이다. 또한 1인당 디지털 기자재 수나, 과학 실험실과 같은 특수 교실 보유율도 수도권과 비수도권 간 차이가 존재한다. 뿐만 아니라 진로진학 상담교사, 예술강사, 전문상담교사 등 학생 개별화 지원을 위한 전문 인력 배치에도 지역별 큰 차이가 존재한다. 이는 곧 학생 개인화 지원의 양극화로 이어진다.

공정한 자원 분배를 위한 정책 과제

단순히 돈을 더 주는 방식이 아니라, 자원이 학생의 필요에 따라 맞춤형으로 설계되고 배분되는 시스템이 필요하다. 교육은 모든 아이들이 삶의 출발선에서 공정한 기회를 가질 수 있도록 돕는 가장 강력한 수단이다. 그러나 현재의 자원 분배 방식은 여전히 '평균'을 기준으로 작동하며, 구조적 불평등을 해소하지 못하고 있다. 이를 위한 정책적 대안은 다음과 같다.

교육기회의 '보편성'이 아닌 '형평성' 중심 배분

'모두에게 똑같이'가 아니라 '필요한 만큼 다르게' 지원하는 정책이 필요하다. 이를 위해 기초학력 미달 비율, 농어촌 여부, 장애학생 비율, 다문화 비율 등 다양한 교육 소외 지표를 반영한 가중치 배분 방식을 확대해야 한다.

예를 들어 교육복지우선지원학교 기준을 확대하여, 모든 학교의 사회경제적 지표를 반영한 교육격차 점수 시스템을 도입하거나, AI 기반 맞춤형 교육 자원 관리 플랫폼을 개발하여 학교별 자원 부족을 실시간으로 진단하고 지원할 필요성이 있다.

이러한 시스템은 기존의 정량 중심 분배에서 벗어나, 학교가 직면한 실제 문제를 반영한 정밀한 지원을 가능하게 한다는 점에서 의미가 크다.

중앙-지방 간 재정협력 강화

지금은 교육부와 교육청, 지자체가 중복된 사업을 따로 운영하거나, 사업비 확보에 따라 일관성 없는 교육 운영을 하는 경우가 많다. 이를 방지하기 위해 지방교육 자치권은 유지하되, 공동 재정기획과 성과 관리 체계를 구축할 필요가 있다. 지역 맞춤형 교육재정협의체 법제화, 광역단위 교육재정 통합 데이터베이스 구축 등이 요구된다.

교육청-도청-기초지자체가 참여하는 정기 협의체를 구성하여, 중복 사업 정리와 공동 예산 기획을 추진할 필요가 있다. 협의체를 통해 농산어촌 중학교의 스마트교실 보급의 대폭 확대나 지역민 중심의 교육참여 프로그램도 기획 단계부터 함께 진행된다면 더 큰 성과를 얻을 것이다.

이러한 협의체 운영은 지역의 특성과 수요에 맞춘 교육재정 분배의 기반을 마련하는 동시에, 교육행정의 효율성과 지역사회 신뢰를 높일 수 있을 것이다.

학교 자원 투명성 및 책무성 강화

자원의 공평한 배분은 투명한 정보 공개와 맞닿아 있다. 모든 학교는 예산의 활용 내역, 외부 지원 프로그램, 교사 연수 실적 등을 공개 가능한 플랫폼을 통해 사회에 투명하게 제공하고, 학생・학부모・지역사회가 학교 예산 편성에 의견을 제시할 수 있는 구조로 전환해야 한다.

학교 운영위원회 외에 '예산참여 시민단'을 구성하여, 각 학교 예산안을 검토하고 의견을 낼 수 있는 구조를 구축할 수 있다.

특히 디지털 플랫폼을 통해 실시간 예산 집행 내역을 확인할 수 있는 시스템이 도입되면 학부모 만족도가 크게 높아질 것이다.

이는 학교 운영의 투명성과 신뢰성을 확보함으로써, 교육 공동체가 정책 수립에 직접 참여하는 실질적 민주주의의 구현으로 이어지는 길이다.

정성적 자원의 배분: '관계'와 '경험'도 자원이다

단지 돈과 물자만 자원이 아니다. 좋은 교육은 관계, 시간, 피드백, 돌봄, 신뢰 같은 정성적 자원이 충분할 때 발생한다. 하지만 현재 자원 배분 시스템은 이러한 정성적 자원을 수치화하지 못해, 지원의 사각지대를 만든다. 이를 개선하기 위해 다음과 같은 접근이 필요하다.

학급당 학생 수 축소 정책 확대

OECD 평균보다 높은 학급 규모를 축소해 교사당 피드백 시간을 확보해야 한다.

서울시교육청은 일부 초등학교에서 20인 학급제를 운영했다. 학습 참여도와 학생-교사 간 관계 개선, 교사 피드백 시간 증가 등의 긍정적 효과가 관찰되었다고 전해진다.

이러한 소규모 학급 정책은 특히 기초학력이 부족한 학생들에게 집중적인 관심과 지원을 가능하게 한다는 점에서 큰 의의가 있다.

멘토교사제 확대

경력 교사가 초임 교사의 수업과 상담을 돕는 지원 체계를 확대해, 교사 소진 예방과 수업 질 제고가 동시에 이루어질 수 있다. "전라북도교육청은 신규 교사에게 멘토를 지정해 학기 중 멘토링을 지속한 결과, 해당 교사들의 직무 만족도가 모두 상승했다."고 전해진다.

이처럼 멘토링 시스템은 교사 간 전문성 공유는 물론, 지속가능한 교사 생태계 구축에도 기여하고 있다.

학생 - 교사 비율을 반영한 보조인력 배치 기준 마련

심리상담, 발달지원, 학습지원 인력의 정량 기준을 설정하여 인력 충원이 원활하도록 지원해야 한다. 특히 저소득 밀집지역 학교일수록 상담 인력 수가 턱없이 부족한 현실을 반영해야 한다. 정량화된 기준에 따른 인력 배치는 현장의 요구에 실질적으로 대응하고, 학생의 정서적·심리적 복지까지 아우르는 통합적 교육 복지를 실현하는 기반이 된다.

정책 실행의 실제성: 한계와 가능성의 교차점

물론 교육 자원의 형평 배분은 쉬운 일이 아니다. 정치적 이해관계, 지역 간 세수 격차, 중앙정부의 정책 우선순위 등 현실적 제약이 존재한다. 그러나 지속 가능한 공교육 시스템의 신뢰를 회복하고, 학습자의 삶 전반을 담는 교육을 실현하기 위해서는, '누가 얼마나 가지고 있는가'라는 질문을 다시 해야 한다.

교육의 공정성은 단순한 성적이 아니라, 모든 학생에게 '가능성의 기회'를 제공하는 데 있다. 그리고 그 기회를 누가 가질지는 결국 어떻게 자원을 배분하느냐에 달려 있다.

자원은 단지 수단이 아니라, 아이들이 세상과 만나는 방식을 결정짓는 본질이다. 교육은 결국 사람이 하는 일이기에, 사람과 사람 사이에 필요한 자원이 고르게 분배될 때, 그 안에서 배움이 살아날 것이다.

정책 실행의 실제성: 한계와 가능성의 교차점

물론 교육 자원의 형평 배분은 쉬운 일이 아니다. 정치적 이해관계, 지역 간 세수 격차, 중앙정부의 정책 우선순위 등 현실적 제약이 존재한다. 그러나 지속 가능한 공교육 시스템의 신뢰를 회복하고, 학습자의 삶 전반을 담는 교육을 실현하기 위해서는, '누가 얼마나 가지고 있는가'라는 질문을 다시 해야 한다.

자원은 단지 수단이 아니라, 아이들이 세상과 만나는 방식을 결정짓는 본질이다. 교육은 결국 사람이 하는 일이기에, 사람과 사람 사이에 필요한 자원이 고르게 분배될 때, 그 안에서 배움이 살아난다.

공정한 교육은 단순히 성적이 아니라, 학생들의 가능성을 키우는 것이다. 그 가능성의 문 앞에 누가 설지는 결국 자원의 배분 방식에 달려 있다는 교육학자의 말처럼, 이제 모두가 자원 분배에 관심을 기울여야 할 때다.

5. 교사의 다양성, 교육의 가능성: 협업 기반 교사 역량 시스템을 위하여

교사 역량, 무엇이 문제인가?

오늘날의 학교 현장은 점점 더 복잡해지고 있다. 다양한 배경을 지닌 학생들, 빠르게 변화하는 사회적 요구, 디지털 전환과 고도화된 입시 제도까지. 이러한 변화의 최전선에 교사가 서 있다. 그러나 모든 교사가 모든 영역에 강점을 가지기는 어렵다. 교사도 인간이며, 각기 다른 전문성과 성향, 교육철학을 지닌 존재다.

문제는 이 다양성이 제도적으로 인정받거나 협업으로 보완되는 구조가 부족하다는 점이다. 지금의 시스템은 교사 개개인에게 "만능형 전문가"가 되기를 요구한다. 수업, 생활지도, 진로지도, 상담, 행정업무까지 고르게 잘 해내야 한다. 이런 구조 속에서 교사의 다양성은 오히려 부담이나 한계로 간주되기 쉬우며, 결국 학생에게도 균질한 교육 경험을 제공하기 어렵게 만든다.

구조적 원인: 개인에게 의존하는 시스템

'전문성의 고립화': 혼자 책임지는 교실

교사의 전문성은 수업 실천, 평가 설계, 상담 및 학급 운영 등 다층적이다. 하지만 현재의 학교 구조는 이 모든 것을 담임 교사 혹은 개인 교사에게 독립적으로 요구한다. 이런 구조 속에서 교사는 자신의 강점을 살릴 여유 없이, 모든 것을 책임져야 하는 '개인 수행 중심 교육체제'에 놓이게 된다.

교사 간 협업 구조의 부재

현재 다수의 학교는 교사 간 협업을 위한 공식적인 시스템이 거의 존재하지 않는다. 교과별 협의회나 업무 회의는 있지만, 수업을 공동 설계하거나, 학생의 성장을 함께 관찰하고 피드백하는 구조는 부족하다. 교육부가 시범 운영한 '교사학습공동체' 사업도 일부 지역・교과에 한정되어, 전국 단위의 체계적 시스템으로는 확산되지 못했다.

결과적으로 교사의 경험은 외면되고, 배움은 교사 개인의 열정에만 의존하는 형태로 고착화된다.

정책・제도 개선 방안: 협업 기반 역량 시스템 구축

전문성 분업과 협업을 기반으로 한 '교사 팀 운영제'

『IB 및 국가 교육과정 실현을 위한 언어 교과 개념 기반 교육과정 설계하기』에서는 교육과정 설계를 개인이 아닌 전문성을 기반으로 한 교사 팀이 공동으로 수행할 것을 제안한다. 이는 "모든 교사가 모든 역할을 잘할 필요는 없다"는 전제와 맞닿아 있다. 오히려 각 교사의 강점과 전문성을 살려 역할을 분담하고, 협력적으로 단원을 설계하고 지도안을 작성하는 구조가 강조된다.

도서에서는 리더십 팀과 작성 팀의 이원적 구조를 통해 교육과정 개발의 책임을 분산시킨다.

리더십 팀은 큰 방향 설정, 단원 구성 원리 정립 등의 전략적 역할을 맡고, 작성 팀은 실제 단원 개발과 지도안 작성을 담당한다.

예를 들어, 개념 중심의 단원명 정하기, 일반화 도출, 평가 도구 개발 등 각 단계에 따라 각기 다른 전문성을 가진 교사들이 핵심 역할을 맡는 방식이다.

단원 설계 단계에서 팀원 간 논의와 피드백 과정이 필수적으로 포함된다.

이 과정에서 교사들은 서로의 아이디어를 보완하고 확장하며, 단원 설계의 질을 높인다.

협업은 단순한 역할 분담이 아니라, 공동의 교육 목표 달성과 학생 성장을 위한 집단적 책임을 전제로 한다.

모든 교사가 모든 역할을 잘할 필요는 없다. 오히려 각자의 강점을 살려 분업적으로 역할을 나누고, 이를 팀으로 구성하여 공동 책임을 지는 구조가 필요하다.

'수업설계 전문교사'는 교수학습 설계를 주도하고,
'정서지원 전문교사'는 생활 · 상담을 전담하며,
'진로탐색 전문교사'는 진학 및 진로설계를 맡는 구조.

이러한 팀은 학년 단위 혹은 학습공동체 단위로 조직되는 것이 좋으며, 학생을 하나의 공동 책임 대상으로 삼아 교육목표를 공유하고 협의하는 문화를 만드는 것이 중요하다.

수업 – 연구 – 성찰을 연결하는 교사학습공동체의 제도화

교사학습공동체는 교사들이 자발적으로 수업을 연구하고, 수업에 대한 피드백을 주고받으며, 함께 학생의 성장을 도모하는 방식이다. 이를 전면 확대하기 위해서는 다음과 같은 구조적 지원이 필요하다.

- 교사 간 공동 연구 수업 의무화(연 1회 이상)
- 수업 피드백 및 리플렉션 공유 시스템 구축(공유 플랫폼 및 전자 포트폴리오 활용)
- 학습공동체 운영시간을 정규 업무시간으로 인정
- 학년 · 교과 간 공동 수업 운영 시 가산점 또는 승진 반영

서울특별시교육청 2025 학교 간 교원학습공동체 운영 기본계획을 보면 교원학습공동체 활동을 정규 업무시간으로 인정하고, 교사 간 협력 수업을 장려하는 정책 방향을 제시한다.

변화하는 구조는 교사의 실천지식이 조직 내부에 축적되고, 개인에서 집단으로 전문성이 이동하는 기반이 될 것이다.

맞춤형 교사 성장 경로 설계

교사의 성장을 단순히 '연차'나 '근무 경력'이 아닌, 자기 주도적 학습과 실천 기반의 성장으로 측정하는 시스템으로 전환해야 한다. 이를 위해 다음과 같은 시스템이 필요하다.

- 포트폴리오 기반 교사 성장 기록제 도입
- 개별 역량에 따라 선택 가능한 연수 모듈 제공(온라인/오프라인 통합)
- 역량 중심의 리더십 경로: 수석교사, 교육전문직, 교육연구교사 등 다양한 성장 방향 제시

이는 '연수 이수 시간' 중심에서, '실행력과 성찰 중심'의 교사 전문성 강화 구조로의 전환을 의미한다.

정서적 · 문화적 전환: 신뢰와 존중에 기반한 협업 문화

무엇보다 중요한 것은 학교 내 협업 문화의 형성이다. 교사들은 서로 다른 철학과 경험을 갖고 있으며, 이는 갈등의 요인이 아니라 교육을 풍성하게 하는 자산이다. 따라서 전문성 차이를 인정하고, 다름을 존중하는 교사 문화를 만들기 위한 리더십과 공간이 필요하다.

- 학교 관리자(교장)의 협업 촉진형 리더십 강화
- 교사 간 피어코칭 제도화
- '잘하고 있는 교사'가 아니라 '함께 잘하는 학교'를 평가 기준으로 전환

교육은 개인의 역량도 중요하지만, 집단의 철학과 태도가 그 질을 좌우한다. 협업은 선택이 아니라, 교육의 지속가능성을 위한 필수조건이다.

교사의 다양성은 교육의 확장성이다

교사에게 만능을 요구하는 시대는 끝나야 한다. 교사의 다양성은 결핍이 아니라 가능성의 출발점이다. 교사마다 강점은 다르고, 스타일은 다르며, 학생과의 관계 방식도 다르다. 이러한 차이를 제도적으로 설계하고, 팀 기반으로 운영하며, 공동 목표를

설정하는 시스템이 구축될 때, 교육은 교사의 한계를 넘어선다.

"혼자라면 할 수 없었지만, 함께라서 가능했다."

이 한 문장이, 앞으로의 교육 구조를 이끌어갈 가장 강력한 철학이 되어야 한다.

CHAPTER 에필로그

IB를 따라가는 게 아니라, 함께 걷기

IB는 하나의 시스템이자 철학이다.
한국 교육은 지금, 그 철학과 닮아가고 있다.
우리는 이 책을 통해 말하고 싶었다.
"IB를 따를 것인가 말 것인가"가 아니라,
"어떻게 나의 교육과 연결할 것인가"라고.

IB를 들여다보며, 우리는 많은 것을 배웠다.
그것은 단지 국제적인 커리큘럼이 아니라,
교육이란 무엇인가에 대한 태도였다.

학생을 신뢰하고,
배움의 과정을 진심으로 설계하며,
정답이 아니라 질문을 길러주는 일.

놀랍게도, 우리 교실에서도
이런 변화는 이미 시작되고 있었다.
작은 실천들, 낯선 시도들,
그리고 "그냥 해봤는데 좋더라"는 교사들의 말 속에서 그 조짐이 보였다.

그래서 이 책은
IB를 도입하자고 설득하는 책이 아니다.
이미 변화하고 있는 교사들의 실천을 지지하고,
그 가능성을 함께 확장하자고 제안하는 책이다.

참고문헌

경기교육연구원(2023). IB 교육의 국내 적용 가능성과 과제.

교육부, 한국교육과정평가원(2023). 고등학교 학업 성적 관리 시행지침.

교육부(2022). 2022 개정 교육과정 총론 해설서.

교육부(2022). 2022 개정 교육과정 총론.

교육부(2022). 2022 개정 교육과정 총론.

교육부(2022). 초・중등학교 교육과정 총론(교육부 고시 제2022-33호[별책 1]).

교육부(2023). 고등학교 학업성적관리 시행지침.

국세청(2023). 2022년 귀속 전문직 종사자 소득 통계.

국제바칼로레아 기구(IBO). (2017). *What is an IB*.

국제바칼로레아 기구(IBO). (2020). *Diploma Programme Assessment Procedures*.

김신일(2018). 성취기준 기반 평가의 실제와 교사의 역할.

김정현(2022년 10월 18일). "고등학생이 원하는 직업, 1위는 교사·2위는 간호사". 조선일보.

박일수, 김민섭(2023). IB PYP 교육과정 실행 양상 분석. 통합교육과정연구, 17(4), 111-133.

박주현, 김예슬, 이영민(2020). 성취기준 기반 평가에서의 문제점 및 개선 방안.

서울대학교 입학처(2024). 2025학년도 대학신입학생 수시모집 안내.

서울특별시교육청(2023). 서울형 IB 학교 운영 매뉴얼. 서울특별시교육청 교육연구정보원.

서울특별시교육청(2024). 서울형 IB 학교 운영 매뉴얼 및 사례집. 서울시교육청 IB 추진팀.

유네스코한국위원회(2024). 2024 유네스코 교육의 미래 대응 프로젝트 우수사례집.

이기인(2025년 1월 22일). 충북교육청, 국제 IB 프로그램 글로벌 인재 키운다. 충청리뷰.

이윤희(2023년 5월 2일). "고소득 전문직 소득 격차 최대 17배". 중앙일보.

임유나(2022). IB PYP 기반 교육과정 실행의 양상과 과제: IB 학교 교원의 경험을 바탕으로. 교육과정연구, 40(4), 1-27.

장연우, 류영휘, 백병부, 허예지, 김지혜(2023). 경기도 IB 프로그램 도입 및 현장 적용 방안 연구(정책연구 2023-12). 경기도교육연구원.

제주와 인물(2022년 5월 18일). IB교육의 메카로 자리잡은 교육의 요람 '표선고등학교'.

질병관리청(2023). 2023년 청소년건강행태조사 결과.

한국교육과정평가원(2022). 2022학년도 대학수학능력시험 문제 및 해설.

한국교육과정평가원(2022). 핵심 역량 기반 교수학습 모형 개발 연구.

한국교육과정평가원(2023). 2023년 자체평가 결과보고서. 한국교육과정평가원.

한국직업능력연구원(2023). 2023 진로교육 현황조사 보고서.

한국청소년정책연구원(2023). 2023 아동·청소년 인권실태조사.

IB Organization. (2020). *Programme Standards and Practices*. Geneva: International Baccalaureate Organization.

IB 한국협회(2024). 2024 국내 IB 운영학교 현황 및 IB 인정 대학 리스트.

International Baccalaureate Organization. (2016). *History guide* (first exams 2017).

International Baccalaureate Organization. (2017). *Global politics guide.*

International Baccalaureate Organization. (2018). *PYP: From principles into practice.*

Lanning, L. A. (2025). IB 및 국가 교육과정 실현을 위한 언어 교과 개념 기반 교육과정 설계하기.

Lunn, P. (2011). *An evaluation of the implementation of the Primary Years Programme (PYP) in New Zealand schools*. International Baccalaureate Organization.

International Baccalaureate Organization. (2016). *Mathematics: Analysis and approaches SL-Specimen paper 2.*

OECD. (2019). *OECD Learning Compass 2030: Concept note series*. OECD Publishing.

Tarc, P., & Beatty, L. (2018). *A study of the implementation and impact of the MYP: Next Chapter*. International Baccalaureate Organization.

송민영

학생과 함께 배우고, 교실에서 질문을 길어올리는 초등교사. 스스로를 사랑하고 둘레를 사랑하는 스스샘.
IB 교육과정, 마을과 교과의 연결, 그리고 배움 중심 수업을 실천하며 '수업이 교육을 바꾼다'는 믿음으로 걸어왔다. 과학교과서 개발, 발명교육센터 영재 수업, 교육정책연구 자문 활동을 넘나들며, 아이들이 질문할 수 있는 학교, 교사가 질문을 놓지 않는 교실을 위해 고민해 왔다.
'실험처럼 수업하고, 기록처럼 평가하며, 배움으로 연결되는 교육'을 꿈꾼다.

박수진

진로와 입시, 학습과 성장을 아우르는 교육 컨설턴트. 특목자사고 입시를 포함한 다양한 진학 전략을 현장에서 다뤄온 실천가로, 선택과목 안내, 비교과 활동, 학습코칭 등 학생 개별 맞춤 컨설팅에 강점을 가진다.
한국진로진학연구원 연구위원, 진학사 입시 컨설턴트로 활동하며 교육청과 지자체에서 진로·학습·대입을 주제로 수많은 강의와 컨설팅을 진행해 왔다.
IB PYP 및 DP 국제교사 자격증을 취득하고, IBEC 1기 과정을 수료하며 글로벌 교육과정에 대한 깊은 이해를 바탕으로 IB 교육과정과 국내 입시의 접점을 탐색하고 있다.
『나다운 탐구보고서』, 『결정적 코치』 시리즈 공동 집필을 통해 학생의 가능성을 믿고, 그 가능성이 드러나는 평가와 진로 설계를 위해 오늘도 현장에서 질문을 멈추지 않는다.

박훈형

AI, 에듀테크, 놀이, 수학의 접점을 고민하는 교사이자 실험자.
교실을 넘어 다양한 플랫폼과 프로젝트에서 교육의 새로운 가능성을 탐색하고 있다.
경인교대 교육전문대학원에서 교육방법학을 전공하며, 헬로메이플, 네이버 티처스랩, 같이교육연구회 등의 활동을 통해 실천 기반의 연구와 협업을 이어가고 있다.
"아이들이 수업을 좋아할 수 있을까?"라는 질문에서 시작해, 오늘도 수업을 다시 그린다.

송화림

학생의 가능성을 믿고, 그 가능성을 실현할 전략을 함께 고민하는 진로 · 진학 컨설턴트.
[참입시] 소장으로 진로진학 현장의 깊이를 더하고, [행복한 3월], [한우리 학습전략연구소], [교육을 비추다] 등 다양한 플랫폼에서 교육 콘텐츠 기획과 자문을 이어가고 있다.
IB 교육 철학에 기반한 수업 및 평가 연구에 관심을 가지고 [가르치는 사람들] IB 연구원, [가르침에듀] AI 과제탐구 강사로 활동 중이며, 변화를 두려워하지 않는 교육 실천가로 살아간다.
교실과 입시, 정책과 현장 사이에서 학생 한 사람 한 사람의 '배움'이 중심이 되는 교육을 꿈꾼다.

하태성

입시의 흐름을 꿰뚫되, 학생의 '길'을 놓치지 않으려는 교육 기획자. (주)쏠루트 입시 대표 강사이자 상상진학전략연구소 수석연구원으로 활동하며, 고교학점제, 학종, 진학 설계 전반에 걸쳐 학생과 학부모의 여정을 함께해 왔다.
바인그룹 사내강사이자 동화세상 에듀코 지구장으로 진학 상담 현장을 누비며, 전국에서 100회 이상 입시 특강과 코칭을 진행했고, 『결정적 코치』 시리즈 공동 집필로 생생한 합격 사례와 전략을 전했다.
IBEC 5기 수료 이후, IB 교육과정의 철학을 바탕으로 국내 입시 환경에 대한 날카로운 통찰과 새로운 방향성을 제안하고 있다.
입시라는 좁은 길에서도, 학생 한 사람의 가능성과 이야기를 놓치지 않는 안내자가 되고자 한다.

김가현

SW · AI 교육과 과학 교육을 기반으로 학생과 함께 성장하며, 교실 속 작지만 깊은 혁신을 실천하는 교사.
SW · AI 공모전에서 과학기술정보통신부 장관상을 수상하였고, 통합과학 선도교사, 교실혁명 선도교사, 터치교사단 3기로 활동하며 융합 교육의 현장 적용을 꾸준히 실천해 왔다.
AIDT 연구회와 청소년 과학 탐구 연구회에서 교사로 참여하고 있으며, 수능형 문항 분석 및 개발팀 활동을 통해 창의적 사고력과 문제 해결력을 키우는 평가 콘텐츠를 기획하고 있다.
학생이 '질문할 수 있는 교실'을 만들기 위해, 오늘도 호기심과 가능성의 조각을 모아 수업을 설계한다.

기획 정동완

학생의 가능성을 믿고, 교육의 내일을 설계하는 사람.
교육 전문가 봉사단체 '오늘과 내일의 학교' 회장, 교육부 인가 비영리사단법인 '가르치는 사람들' 초대 회장을 역임하며 현장과 정책을 잇는 가교 역할을 해왔다.
EBS 진로진학 대표강사로 활동했으며, 『나만 알고 싶은』, 『오답의 모든 것』 시리즈를 포함해 124권의 교육 콘텐츠 기획에 참여했다.
AI 진로 설계 프로그램과 AI 동화 창작 등 에듀테크 기반의 교육 기획에도 앞장서고 있으며, 교원연수 플랫폼 티처빌 · 티셀파에서 [과제탐구 마스터], [자존감 수업], [강의의 품격] 등 다양한 온라인 연수를 총괄 기획했다.
전국에서 2,000회 이상의 특강과 950회 이상의 캠프를 통해 진로 · 진학 · 공부 · AI 교육을 직접 전하며, 현장의 목소리로 교육의 방향을 함께 찾아가고 있다.

IB교육 대안인가?
답이 아니라, 질문이 필요하다

2025년 9월 25일 1판 1쇄 인쇄
2025년 9월 30일 1판 1쇄 발행

저 자 : 송민영 박수진 박훈형
송화림 하태성 김가현
기 획 : 정 동 완
발행인 : 한 정 주
발행처 : 교 육 과 학 사

경기도 파주시 광인사길 71
전화 (031)955-6956~8 / 팩스 (031)955-6037
Home-page : www.kyoyookbook.co.kr
E-mail : kyoyookbook@daum.net
등록 : 1970년 5월 18일 제2-73호

정가 18,000원

ISBN 978-89-254-1918-3